LA
REPUBLIQUE
DES
PHILOSOPHES.

LA
REPUBLIQUE
DES
PHILOSOPHES,
OU
HISTOIRE
DES
AJAOIENS.

OUVRAGE POSTHUME DE MR.
DE FONTENELLE.

---

*On y a joint une Lettre fur la
Nudité des Sauvages.*

A GENEVE,
MDCCLXVIII.

AVERTISSEMENT

Qu'il faut lire.

EN effet on passe ordinairement par dessus ces commen-
cemens d'un livre, & avec raison,
puisque souvent les avis, les pré-
faces & les avertissemens ne sont
que des amas d'éloges de l'ouvrage de l'auteur. Celui-ci n'est pas
de ce genre ; on n'y louera ni
l'auteur qui est à-présent enterré
à plus de 1600 lieues d'ici, ni
ses Mémoires dont chacun jugera
comme il lui plaîra, ni même la
traduction qui n'a d'autre qualité
que d'être fidele. A quoi bon

AVERTISSEMENT.

donc un avertiſſement ? C'eſt pour empêcher le lecteur de porter un jugement téméraire de Mr. van Doelvelt. Ces Mémoires ſont écrits d'une maniere qu'il y prend fait & cauſe pour les Ajaoiens. Cela pourroit donner occaſion au lecteur, qui ne peut être inſtruit que par le dernier Chapitre de ces Mémoires, pour quelle raiſon il en agit ainſi ; cela pourroit, dis-je, donner lieu d'accuſer cet honnète-homme de trahir la Religion & de la ſacrifier à des gens qui n'en ont aucune. Il faut donc qu'on liſe cette relation, comme l'ouvrage des Ajaoiens mèmes ; car, comme on le verra dans ce dernier Chapitre, Mr. van Doelvelt, reçu citoyen d'Ajao, en a

AVERTISSEMENT.

embraſſé toutes les opinions d'une maniere ſi ſincere, qu'étant revenu en Europe, il travailloit de tout ſon cœur à faire des proſélytes; & il n'eſt retourné à Ajao que parce qu'il vit qu'il lui ſeroit impoſſible de rendre ſes compatriotes, ou du moins ſes meilleurs amis, Ajaoiens. J'ai cru devoir avertir le lecteur de ces circonſtances, pour l'honneur de l'auteur, & pour la ſatisfaction du lecteur: je lui apprendrai que Mr. van Doelvelt eſt retourné à Ajao, vers ſes femmes & ſes enfans, en 1682. Comme en partant il promit à ſes amis de leur faire ſavoir le ſuccès de ſon voyage, on a reçu des lettres de lui, datées de Laontung en Tarta-

AVERTISSEMENT.

rie, sur les frontieres de la Chine, où il étoit arrivé en santé, & d'où il espéroit aller revoir sa chere patrie, & respirer l'air sain & pur d'Ajao, avant deux mois. Ceci fait croire qu'il est arrivé en bonne santé.

TABLE

DES

ARTICLES,

Contenus dans cet Ouvrage.

TABLE.

TABLE.

TABLE.

HISTOIRE
DES
AJAOIENS,
OU

Relation d'un voyage de Mr. S. van Doelvelt en Orient, en 1674, qui contient la description du Gouvernement, de la Religion & des Mœurs de la Nation des Ajaoiens. Traduite sur l'original Flamand.

CHAPITRE PREMIER.

Court récit du voyage de Mr. S. van Doelvelt. De son arrivée chez les Ajaoiens, & comment il y fut reçu.

ENNUYÉ de troubles qui déchiroient ma patrie, & qui étoient

caufés par des efprits factieux qui, de
quelque parti qu'ils fuffent, n'étoient
animés que par de honteux motifs
d'intérêt, de haine & d'ambition,
je réfolus d'aller voyager, efpé-
rant qu'à mon retour je trouverois
diffipées les factions auxquelles je ne
pouvois prendre part, fans me rendre
coupable, ou d'injuftice au tribunal
de ma conscience, ou de trahifon envers ma patrie.

Un coufin que j'avois en Zélande,
où fes grands biens & fa qualité de
Bewindhebber (1) de la Compagnie
des Indes Orientales lui donnoient
quelque crédit, me facilita les moyens d'exécuter mon projet, en me
procurant une place diftinguée fur
l'un des vaiffeaux qui partirent fur
la fin de l'an 1673.

Mon deffein n'étant que de donner l'hiftoire de l'heureufe nation des
Ajaoiens, je pafferai fous filence tout

(1) L'un des Affociés ou Directeurs.

ce que mon journal contient de ce qui s'eſt paſſé pendant mon trajet, & tout ce qui m'a paru digne de remarque; aſſez d'autres en ont parlé avant mon départ & depuis mon retour.

Arrivé à Batavia je rendis mes lettres de recommandation au Général & au Directeur - Général, qui m'offrirent tous leurs bons offices, de ſorte qu'à la conſidération de mon couſin je me vis dans l'autre monde, pour ainſi dire, en état de contenter amplement la paſſion de découvrir, dont j'avois toujours été poſſédé, bien réſolu d'éterniſer mon nom, en baptiſant *Doelvetsland* la premiere côte inhabitée ou inconnue où j'aborderois. Mais ce n'étoit pas de ces découvertes paſſageres & imparfaites qu'il me falloit. Je voulois aux dépens de tout mon ſang, découvrir en habile homme, & non comme ces étourdis & ces pareſſeux qui, contens de ſaluer les côtes qu'ils découvrent, mettent à peine pied à terre pour examiner la nature du pays.

Ma réſolution ne déplut pas à Meſſieurs les Directeurs, gens avides de ces ſortes de découvertes, qui ne peuvent que contribuer à la propagation des bornes de leur empire en ce pays-là. Ainſi on me permit d'exécuter tous les projets de découvertes que je jugerois raiſonnables, & on mit ſous mes ordres quatre pilotes des plus ſavans, dans la carte des mers fréquentées en terre inconnue.

Vers le milieu de l'an 1675, après que j'eus fait pluſieurs courſes inutiles vers les terres méridionales, il ſe préſenta une occaſion trop favorable pour que je la manquaſſe. Il s'agiſſoit de découvrir, c'eſt tout dire. Le bruit qui s'étoit répandu que quelques barques Moſcovites, ou de la mer blanche, après avoir été jettées de côté & d'autre par

d'affreuſes tempêtes, avoient échoué
ſur les côtes de Niphom, avoit fait
concevoir à quelques membres de
la Régence le deſſein de découvrir
une route nouvelle, pour voguer des
Indes en Hollande, par le Nord de
la Tartarie & de toute la Scandi-
navie. Je fus conſulté ſur un ſi beau
projet; je ne manquai pas de l'exalter,
& je propoſai même d'être de la partie.

Tout fut bientôt préparé pour notre nouvelle courſe; & ſur les repréſentations que l'on fit faire à S. M.
Japonnoiſe, des grands avantages que
tireroient ſes ſujets d'une pareille découverte, elle nous fit aſſurer qu'au
cas que quelque tempête nous jettât
ſur ſes terres, ou que nous vinſſions
à manquer de vivres dans cette route
inconnue, il nous feroit permis de
ravitailler ſur la côte de Nanhu (2).

(2) Au Nord-Eſt de l'Isle Nyphom.

A 3

On chargea les quatre vaiſſeaux qui devoient avoir la gloire de cette découverte, de tout ce qui leur étoit néceſſaire. On n'épargna ni les armes offenſives ni les défenſives, ni les inſtrumens pour munir nos vaiſſeaux contre les glaces du nord, & nous prîmes à notre ſuite une demi-douzaine de bâtimens plats pour nous ſervir à faire des deſcentes. Je ne puis me défendre de dire qu'ils étoient de mon invention, & d'en donner ici la deſcription.

C'étoit de ces berges dont on ſe ſert dans les Indes pour tranſporter les marchandiſes d'une Iſle à une autre, mais je les avois fortifiées. Fortifier des berges! quelle pitié! Pitié tant qu'on voudra, je le fis, voici comment. Puiſque ces berges n'étoient deſtinées qu'à faire des deſcentes, je m'imaginai que ſi on les faiſoit aborder de flanc, on auroit toute l'étendue du bord, ſur lequel les foldats rangés de front pourroient faire un plus grand feu, plus à leur aife, & occupant plus d'étendue, renverfer un plus grand nombre de ceux qui oferoient s'oppofer à nos defcentes. Pour faciliter ces abordages flanqués, je fis conftruire avec de fortes perches, & des voiles goudronnées, une efpece de bec poftiche, qu'on mettoit à l'eau contre le flanc du vaisfeau, par le moyen des poulies que j'avois placées vers la poupe. Ce bec faifoit devant le flanc le même effet que ces angles qu'on fait contre les arc-boutans des ponts pour brifer le courant de l'eau; & deux gouvernails que je fis placer à l'oppofite des poulies, fervoient à diriger la berge contre les côtes, vers lesquelles elle avançoit aifément dans cette fituation; parce que ce bec poftiche fendoit l'eau qui autrement auroit battu le flanc avec trop de violence. Après avoir trouvé cette maniere d'aborder,

je cherchai le moyen de couvrir le
foldat, & je n'en trouvai pas de plus
fûr que de faire conftruire une efpece de parapet, fur le bord droit de la
berge ; & afin de tenir ma barque en
équilibre, je fis jetter vers le côté
gauche autant de left qu'on employa
de bois à ce parapet, qui couvroit le
foldat jufques fur la tête, par le moyen
d'une efpece de demi arc que je fis
faire fur fa crête. Ainfi il étoit à
l'abri des coups, fi l'on faifoit defcente fur une côte efcarpée où les habitans feroient plus élevés que la
berge & que fon parapet. Voilà à-
peu-près la defcription de ma berge
fortifiée, qui fut fort utile dans la
fuite, mais non pas contre les Ajao.
iens, comme on le verra bientôt.

Partis du port de Batavia nous por-
tâmes en paffant des ordres du Général dans quelques Isles qui fe trouvoient fur notre route : & comme
nous avions pris la faifon où les

vents du Sud regnent prefque toujours dans ces mers, nous dépas-
fâmes bientôt toutes les Isles du Japon ; & ayant paffé le détroit des O-
ries nous courûmes vers l'Eft, pour
tâcher de redécouvrir des terres qui
avoient déja été découvertes par
quelques pilotes Japonnois.

Nous n'eûmes pas vogué cent lieues
vers le Nord-Eft que nous découvrîmes quelque chofe. Nous dé-
ployâmes auffitôt toutes nos voiles
vers ce quelque chofe, mais lorfque
le lendemain matin nous crûmes en
être fort proches, ce quelque chofe
difparut tout d'un coup : ce qui nous
fit juger que c'étoit quelque affreufe baleine qui avoit paffé la nuit
dans cet endroit. Mais fa fuite nous
donna une joie plus réelle, car nous
découvrîmes derriere l'efpace qu'elle
occupoit, quelque chofe que nous
jugeâmes être certainement une terre. En effet nous appercevions des

hauteurs & des vallées; nos lunettes
mêmes nous aidoient à découvrir
de la verdure. Ainfi nous continuâ-
mes notre route. Nous nous trouvions alors vers le 48 degré 12 min.
de latitude & environ le 197 de
longitude. La nuit qui nous prit
alors fut accompagnée d'un grand
calme, que nous fentîmes avec plaifir, dans la crainte d'aller brifer, foit
contre ces côtes inconnues, foit contre quelque écueil.

Dès que l'aurore nous permit de
voir où nous étions & où nous al-
lions, nous prîmes nos mefures pour
nous affurer fi c'étoit véritablement
une terre; & après plufieurs fpécula-
tions, viremens & bordées, nous fûmes convaincus que c'en étoit une, &
même que ce pouvoit bien être une
Isle fpacieufe.

Certains de ce point, nous tînmes un
petit confeil fur la maniere de faire
notre defcente, & après plufieurs avis

proposés & examinés, nous convînmes qu'il falloit approcher pendant la nuit nos quatre vaisseaux à une distance raisonnable de terre, de sorte qu'ils fussent à portée de nos berges fortifiées, qui s'avanceroient vers les côtes à la pointe du jour, avec la meilleure partie de notre monde, pour faire la descente, sans être vu, si faire se pouvoit,

L'impertinent préjugé où nous sommes toujours, que les peuples qui ne font pas de notre continent, font autant de barbares brutes, nous faisoit alors supposer que ces inconnus, s'il y en avoit, n'étoient pas assez fins pour avoir des sentinelles sur leurs côtes, comme nous en avons dans notre Europe ; mais nous nous trompions lourdement : car, comme je le dirai, nous étions découverts peut-être même avant d'avoir découvert ; & l'on nous attendoit sur la défensive, dès avant que nous euſſions tenu notre conſeil de guerre.

Mais, *quanta cadunt inter humana ſupremaque labra !* Notre plan étoit preſque exécuté, lorſque vers les trois heures de nuit il s'éleva une ſi terrible tempête, qu'il nous fût impoſſible de tenir nos bâtimens proches les uns des autres. Nos quatre vaiſſeaux prirent d'abord le large, & nos berges devinrent le jouet des vents & des flots, & comme je l'ai appris dans la ſuite, lorſque je fus de retour à Batavia, trois ſeulement regagnerent les quatre vaiſſeaux plus de dix jours après cet orage, avec beaucoup de peines & après bien des frayeurs.

Quant à celle dans laquelle j'étois déja entré avec 160 hommes, elle fut jettée ſur les ſables de cette terre inconnue, où nous briſâmes, après avoir été 24 heures expoſés aux vents, & nous être vus cent fois près d'être submergés.

Nous n'y fûmes pas longtemps, & on ne nous donna le temps ni pour délibérer, ni de nous mettre sur nos gardes. La fatigue & les frayeurs que mes soldats avoient eues, les avoient tellement abattus qu'ils étoient incapables de se défendre, si les peuples de cette terre avoient été aussi barbares que nous nous l'étions imaginé. Mais quel fut notre étonnement, lorsqu'au moment que nous ne nous attendions, en les voyant accourir en foule vers les débris de notre barque, qu'à être impitoyablement massacrés, nous les vîmes mettre leurs armes bas en bon ordre, nous venir aider à nous sauver, & nous inviter par leurs signes à les suivre & à prendre courage.

Nous voulûmes nous consulter sur ce que nous devions faire, & nous jettions les yeux de tous côtés pour

voir fi nous ne découvririons point
de fecours. Mais nous ne voyions
que les flots irrités : ainfi nous nous
affemblâmes pour délibérer. Alors
un des plus apparens de la troupe
s'approcha de nous, avec un autre
qui paroiffoit être fous fes ordres.
Ils fembloient ne s'être approchés
que pour examiner nos manieres,
ainfi chacun difoit fon avis d'autant
plus librement qu'on étoit fort per-
fuadé que ces inconnus ne nous en-
tendoient pas. Mais nous fûmes
bientôt détrompés, car un de nos
officiers ayant propofé de nous laiffer
conduire par ces inconnus, mais de
nous tenir néanmoins fur nos gardes,
en cachant nos piftolets & nos baïon-
nettes fous nos capotes, afin de pouvoir vendre notre vie bien cher, fi
nous nous trouvions expofés à quelques violences ; celui qui accompa-
gnoit ce chef des habitans lui dit
quelques mots dans la langue du

pays, après quoi s'adreſſant à moi
& me frappant dans la main : ,, Chré-
,, tiens Hollandois ,'' me dit-il en
bon Hollandois , (3) ,, vous n'a-
,, vez pas à faire ici à des fourbes
,, comme les Eſpagnols ou les Por-
,, tugais, ainſi vos précautions ſont
,, inutiles ; nous connoiſſons l'uſage
,, de vos piſtolets & de vos fuſils,
,, & nous ne ſouffrirons pas que
,, vous les portiez dans notre ville:
,, Laiſſez-les ſur le rivage avec quel-
,, ques-uns des vôtres, pour les gar-
,, der, juſqu'à ce que vous ayez reçu
,, les ordres de notre Souverain
,, Magiſtrat.''

On peut juger quel fut notre étonnement, d'entendre notre langue dans
la bouche d'un de ces barbares. Il
ne fut plus queſtion de délibérer ; je
ne penſai qu'à excuſer les ſentimens.

____

(3) On verra, Chap. VII, comment ces
peuples ont connoiſſance des mœurs & des
langues étrangeres.

foupçonneux de mon camarade, & à
fupplier cet interprete d'interpofer
fes bons offices pour des malheureux,
que les vents & la tempête avoient
jettés fur des terres inconnues ; que
la Providence nous avoit mis entre
leurs mains & qu'ils pouvoient faire
de nous tout ce qu'ils voudroient,
puifqu'ils fentoient qu'une centaine
de malheureux n'étoient pas capables
de réfifter à tout un peuple. Il m'in-
terrompit en m'affurant que nous n'a-
vions rien à craindre, fi nous nous
foumettions aux juftes ordres que
le Souverain Magiftrat nous donneroit, fans cependant prétendre que
nous nous y foumiffions malgré
nous ; qu'on alloit me conduire devant ce Souverain Magiftrat, puifque j'étois le Chef de cette troupe
infortunée ; que je ferois traité avec
toute la douceur imaginable ; & qu'a-
près m'avoir interrogé, le Souverain
Ma-

Magiſtrat me donneroit lui-même ſes ordres.

Je lui demandai comment il fal-loit que je me comportaſſe dans cette audience. „ Vos gens , me dit-il,
„ n'ont qu'à ſuivre cette troupe
„ qui ſe met en marche vers la gau-
„ che ; quant à vous on vous don-
„ nera un cheval , & vous irez avec
„ quatre de nos principaux Officiers
„ par un autre chemin , par lequel
„ vous arriverez à la ville en mê-
„ me temps que vos gens , qui ſe-
„ ront logés dans une grande maiſon
„ hors de la ville , où les quatre
„ Officiers vous conduiront pour
„ prendre un habit ſemblable au nô-
„ tre. Après quoi ils vous condui-
„ ront devant le Souverain Magi-
„ ſtrat, à qui ils rendront compte
„ de votre malheur. Je me trouve-
„ rai-là pour vous ſervir de truche-
„ ment : paroiſſez-y avec la même

B

„ confiance qu'au milieu d'une trou-
„ pe de vos meilleurs amis ; car, fans
„ vous connoître, nous le fommes
„ tous , & il n'y a ici perfonne qui
„ ne verfât fon fang pour vous, &
„ pour chaque particulier de votre
„ troupe."

Cette humanité me charma , je
quittai à regret mon affable interprete qui devoit accompagner nos gens,
& je fuivis l'officier avec qui il
étoit , auquel trois autres s'étant
joints, on me donna un cheval, &
nous prîmes le chemin de la ville.

Comme j'ai deffein de donner une
defcription de ce pays, je dirai feulement en paffant, que je n'avois jamais rien vu de plus beau que la
campagne que nous traverfâmes.
L'abondance y régnoit par-tout, l'ordre & la fymmétrie en étoient admirables , les prairies étant couvertes de bétail : vaches , bœufs, che-

vaux, moutons, chevres, tout y
étoit par troupeau, & d'une groffeur
extraordinaire en comparaifon des nôtres. Les arbres plioient fous le poids
des fruits de toutes les efpeces. En
un mot, rien de plus agréable que la
vue des richeffes de cette fertile terre.

Je me trouvai à la vue d'une grande ville, fans m'être apperçu de la
longueur du chemin.

Je vis en même temps défiler mes
gens d'un autre côté, & nous arri-
vâmes tous enfemble dans une grande
maifon qu'on nomme *l'Hôtel des
Etrangers*, dont on nous laiffa les
maîtres en nous y logeant. Un homme que je pris pour un efclave, me
vint préfenter une étoffe verdâtre,
qui n'étoit ni ferge ni drap, & que
je puis comparer à notre pinchinat.
Comme ce n'étoit qu'une efpece de
robe de chambre ou de long manteau avec des manches, je l'eus bien-

tôt mis fur mes épaules , & en cet équipage je fuivis mes quatre guides ou gardes, qui me conduifirent dans la ville d'Ajao que je décrirai ailleurs.

Nous traverfâmes plufieurs rues toutes femblables, jufqu'à ce qu'étant arrivés fur une grande place, nous nous trouvâmes vis-à-vis d'un grand palais où je vis bien qu'on me con-duifoit , & m'imaginant que ce pour-roit être la demeure du Souverain, j'arrangeai mon nouvel habillement de la maniere que je voyois ceux de mes conducteurs, (car chacun eft habillé de même dans ce pays) & j'entrai dans une vafte cour où je trouvai mon interprete, auquel mes guides me remirent ; après cela ils monterent un magnifique efcalier & difparurent. Un quart-d'heure après deux hommes vinrent nous chercher, & nous montâmes ce bel efcalier, d'où nous entrâmes dans une vafte falle, de laquelle nous paſſâmes dans une autre plus petite, où étoit le Souverain Magiſtrat que je vais décrire.

Vingt-quatre hommes âgés d'environ 50 à 60 ans, aſſis en rond ſur un grand tapis, ſans diſtinction, ni pour le rang ni dans les habits, formoient ce Souverain Conſeil, qui regle avec une ſageſſe ſans égale toutes les affaires de cet Etat, aſſez étendu. La chambre n'étoit ni magnifiquement meublée, ni enrichie de ſculpture d'or, de marbre ou d'azur; les murailles, auſſi bien que le plat-fond, enduits d'un certain plâtre luiſant travaillé dans le pays, étoient d'une blancheur plus propre que tous les ornemens de l'art. Il n'y avoit-là ni ſecrétaire ni greffier pour vendre les dépêches de cette Cour Souveraine. Quatre gros livres qui étoient au milieu du cercle, dont l'un étoit le Regiſtre de la Police, le ſecond celui des Jugemens & des Réſolutions, le troiſie-

me celui des Finances, & le quatrieme celui de la Guerre & des Esclaves, renfermoient toutes les loix de
l'Etat, & tous les secrets de ce sage
Magistrat, dont je parlerai plus au
long dans un autre endroit.

Lorsque je fus introduit avec mon
interprete, nous nous tinmes debout
proche du cercle, & aussi-tôt ceux
des Magistrats qui nous tournoient le
dos ou le côté, se tournerent tous
vers nous, & le plus proche de moi
m'adressant la parole me dit en son
langage, comme mon truchement me
l'a interprété : ,, Etranger, tout no-
,, tre peuple prend part à votre mal-
,, heur, & nous sommes sensiblement
,, touchés de votre naufrage, d'au-
,, tant plus que ne commerçant avec
,, aucun des peuples qui nous envi-
,, ronnent, nous ne pourrons trou-
,, ver le moyen de vous renvoyer
,, dans votre patrie. Si on vous don-
,, noit de quoi radouber votre petite

,, barque, peut-être feriez-vous affez
,, infenfés pour vous expofer à périr
,, au milieu de la vafte mer , dans
,, la vue d'aller avec bien de
,, l'incertitude rechercher votre pays.
,, Mais, en confcience, nous ne pou-
,, vons occafionner la perte de tant
,, d'hommes utiles à la Nature. Ain-
,, fi nous trouvons à propos que
,, l'on faffe brûler tout ce que l'o-
,, rage a jetté avec vous fur nos
,, terres; qu'on vous donne la mai.
,, fon où l'on a déja logé vos gens,
,, & que vous y demeuriez pendant
,, quatorze lunes pour apprendre
,, les mœurs de nos peuples. On
,, vous y nourrira & entretiendra
,, de toutes chofes, comme le font
,, les autres citoyens ; & après ce
,, temps expiré , ceux des vôtres
,, qui né voudront pas vivre par-
,, mi nous, pourront retourner avec
,, le temps dans leur patrie. Cette

„ offre vous eſt-elle agréable ? Ré-
„ pondez, ſage étranger.”

Je rendis graces au Magiſtrat, &
je demandai la permiſſion de faire part
de cela à mes compagnons de fortune,
pour leſquels je ne pouvois répondre.
On acquieſca à ma demande, & je
me retirai comme j'étois entré, c'eſt-
à-dire, ſans cérémonie.

Je retrouvai tous mes gens dans
une impatience égale à leur inquiétu-
de ; mais auſſitôt qu'ils euſſent ouï le
rapport que je leur fis du diſcours du
Magiſtrat, ils bénirent le moment où
ils avoient échoué dans une terre où
ils trouvoient à vivre en repos & à
leur aiſe le reſte de leurs jours. Il
eſt vrai que quelques-uns demande-
rent ſur le champ ſi, en conſentant à
reſter, on ſe condamneroit à un éternel célibat ? mais je les renvoyai à
l'avenir pour répondre à leur impa-
tiente queſtion, & je retournai au

Palais , où je fus auſſitôt introduit
avec l'aide de mon interprete : j'as-
ſurai le Souverain Magiſtrat de la
ſoumiſſion de tout mon monde à ſes
juſtes loix, & je demandai qu'on nom-
mât quelqu'un pour conférer avec
moi, ſur les moyens auxquels on re-
court pour notre établiſſement. Ma
demande ſurprit extrêmement cette
vénérable aſſemblée, & un d'eux prenant la parole : ,, Ami, dit-il, nos af-
,, faires ſe traitent ici en public :
,, c'eſt pour cela que nous ſommes
,, aſſemblés ; parlez, on vous répon-
,, dra."

Je m'excuſai ſur mon ignorance des
loix du pays, & je me retirai en de-
mandant la permiſſion de paroître une
autre fois, & d'avoir auprès de moi
mon interprete pour m'informer des
choſes dont j'aurois beſoin, ce qui
me fut accordé ſur le champ.

Voilà comme j'arrivai dans Ajaïo &
comme j'y demeurai. Paſſons à l'hiſtoire

du peuple de cette Isle, le plus heureux qui foit fur notre globe terres-
tre, tant par la fageffe de fes loix,
que par l'exactitude avec laquelle on
les pratique.

CHAPITRE II.

Defcription de l'Isle des Ajaoiens.

Nous ne nous étions pas trom-
pés, quand en découvrant la
terre des Ajaoiens nous avions jugé
que c'étoit une Isle. On pourroit
la mettre au nombre des plus fpa-
cieufes; car elle reffemble beaucoup
à la Sicile, & pour l'étendue & pour
la forme. C'eft un pays de plaines,
excepté vers l'Orient, où il y a quelques montagnes qui ont leur utilité,
puifque c'eft de leur fein que ces
peuples tirent tous les métaux dont
ils fe fervent. C'eft de ces montagnes
que fort la riviere d'Ajao, qui traver-
fe l'Isle d'Orient en Occident, où en
fe jettant dans la mer, elle forme l'un
des deux ports de l'Isle. Cette riviere
eft groffie des eaux de deux autres
plus petites, le Péridi qui coule du

Midi au Nord, & le Lamo qui, ayant
fa fource dans un petit lac vers le
Septentrion, coule vers le Midi.
Ces deux rivieres fe jettent dans
l'Ajao proche d'une Isle que forme
le fleuve, & dans laquelle eft la
forterefle de Fu.: elle eft fituée
fur la cime d'un rocher efcarpé &
qui eft au milieu de cette Isle. L'Isle
eft environnée des eaux de ces trois
rivieres, qui forment là un lac affez
large, auquel on donne le nom de cette forterefle.

Ces trois rivieres nourriffent une
fi prodigieufe quantité de poiffons de
toutes les efpeces, excepté le bro-
chet & l'anguille, que tout ce qu'on
dit de l'abondance des lacs & des
rivieres d'Irlande, n'eft rien en comparaifon. Ce feul lac de Fu pourroit nourrir toute l'Isle; car on di-
roit que tout ce poiffon s'y raffem-
ble pour faciliter la pêche aux habitans.

Les montagnes qui font dans la par-

tie Orientale de l'Isle, renferment as-
fez de tréfors pour contenter l'avidité
des peuples les plus avares de notre
Europe. Mais la plus grande partie
refte enfevelie dans leur fein, d'où les
Ajaoiens ne les tirent qu'autant qu'ils
en ont befoin pour leur ufage. Trois
montagnes des plus Septentrionales,
renferment une fi grande quantité de
fer, que, quoiqu'on en tire continuellement, & qu'on en ait toujours tiré
depuis plus de deux mille ans que
cette Isle eft peuplée, cependant les
mines font auffi abondantes que fi on
ne faifoit que les ouvrir. Les montagnes du Midi font pleines d'or, mais
il n'y a que deux mines ouvertes, où
chacun en va tirer felon qu'il en a
befoin. Celles qui font vers le milieu,
fourniffent l'argent qui eft d'un grand
ufage parmi ce peuple, car ils en font
tout ce que nous faifons de terre, d'é-
tain & de cuivre. La raifon de cela eft, qu'on ne trouve dans l'Isle au-

cun de ces métaux, & que, s'ils ont
de la terre propre pour la potterie, ils
ne savent pas la travailler. Ils se
servent de même de l'or pour les choses où nous employons le plomb,
comme pour couvrir les édifices publics ; & depuis qu'ils ont l'usage de
la poudre, dont ils ne se servent que
pour les canons, car ils ne veulent
point d'autres armes à feu, ils en fon-
dent leurs boulets.

Les campagnes sont fertiles en bleds
de toutes les sortes : on y recueille
du froment, du seigle, de l'orge, du
ris, du millet, des pois, des feves,
dans une telle abondance, qu'on est
quelquefois obligé de laisser reposer
pendant une année toutes les terres
de l'Isle, pour n'être pas dans la né-
cessité de brûler ce qu'on a de trop
des années précédentes.

Ces plaines sont si bien partagées
en terres labourables & en prairies,
que si les unes sont d'un revenu si

abondant, les autres ont auſſi de grands avantages, puiſqu'elles nourriſſent les bœufs qui ſervent au labourage, les autres animaux qui ſervent à la nourriture, & les chevaux dont les Ajaoiens ſe ſervent comme nous pour les voitures. La laine de leurs moutons, qui ne le céderoit pas à celle d'Eſpagne & d'Angleterre, ſert pour l'habillement des habitans. Les vaches & les bœufs leur fourniſſent plus de cuir qu'ils n'en ont beſoin pour couvrir les voitures, pour leurs ſandales, & pour les eſpeces de barques dont ils ſe ſervent ſur leurs rivieres. En un mot, cette Isle fournit à ſes habitans tout ce dont ils ont beſoin, pour mener la vie la plus douce & la plus heureuſe qu'on puiſſe s'imaginer. Car je ne parle pas de leurs forêts, qui ſont ſi pleines de gibier (dont ils mangent fort peu,) qu'on le rencontre partout par troupe, comme les moutons dans nos prairies. Je ne

parle pas non plus de leurs arbres frui-
tiers, qui leur donnent des fruits de
toutes les efpeces, que nous connois-
fons & que nous ne connoiffóns pas,
parce que ce font des chofes qui fuivent de la fertilité dont je viens de
parler.

Il eft vrai que cette Isle ne fournit
pas de vin, & que fes habitans ignorent l'ufage de toutes les boiffons fortes. Mais ce défaut même, fi c'en eft
un, fert à la confervation de leur fan-
té; & la maniere dont ils favent ap-
prêter une efpece de bierre de ris, y
fupplée fuffifamment. Je ne voudrois
pas affurer que cette Isle n'a jamais
eu de vignes: car les efclaves des
Ajaoiens, qui font les originaires de
l'Isle, ont quelques chanfons en leur
langue qui font mention du vin. C'eft
une efpece de tradition, que les Légis-
lateurs des Ajaoiens firent arracher
cette plante, fachant combien l'homme eft fujet à faire un mauvais ufage

ge de son fruit, & à quelles extrava-
gances il s'expose par le mauvais
usage d'une chose bonne en soi.

Cette Isle est divisée en six districts
ou territoires, & elle n'a pas un plus
grand nombre de villes, qui sont
Ajao, Jaroi, Lamo, Kalure, Ope-
ridi, Dorao ; lesquelles ont chacune
sous elles, un certain nombre de bons
villages bien peuplés, comme je le
dirai en parlant du Gouvernement.

Cette Isle n'a que deux ports:
celui d'Ajao, & celui de Jaroi, qui
sont les deux seuls endroits où cette
Isle est accessible. Car, comme si la
Nature eût voulu préserver les A-
jaoiens de la fréquentation, & par
conséquent de la corruption des autres peuples de la terre, elle les a
placés au milieu des rochers & des
écueils, dont leur Isle est environnée
& comme défendue de tous côtés.
Ainsi il faut avouer que ce n'est que
le hasard, ou plutôt notre bonne for-

C

tune, qui, au milieu de l'orage, por-
ta notre malheureuſe berge juſtement
à travers le paſſage d'Ajao, ſans
qu'elle ſe briſât ſur les bancs de ſa-
ble, qui ſont à droite & à gauche.

CHAPITRE III.

De la Religion des Ajaoiens.

LA Religion dans tous les États a une si grande influence sur le gouvernement, sur les loix, sur la politique & sur les mœurs, que je me suis imaginé qu'avant de parler des loix, du gouvernement & des mœurs des Ajaoiens, je devois donner une juste idée de leur Religion, ou pour mieux dire, de leurs sentimens sur ce qu'on nomme vulgairement Religion.

Mais avant d'entrer dans ce détail, je ne puis m'empêcher d'avouer que je crains qu'en jugeant des sentimens des Ajaoiens sur nos notions vulgaires, on ne conçoive contre eux de prime abord des sentimens d'indignation, au lieu de ceux d'admiration, que j'aurois envie d'exciter.

En effet nous nous imaginons ordinairement que les idées doivent être
les mêmes dans tous les hommes,
& que, parce que nous penfons d'une
certaine maniere fur certains objets,
chacun doit penfer comme nous &
être de notre opinion. Auffitôt que
le contraire fe rencontre, un certain
zele dévorant nous anime, & nous
condamnons impitoyablement ces
gens qui ont fur nous le même droit
que nous nous imaginons avoir feuls
fur eux. Nous ne nous donnons pas
la peine de confidérer que les préjugés ne font point partout les mêmes, & que par conféquent il doit y
avoir de la différence dans les opinions ; qu'ainfi il y a de l'injuftice
à condamner les autres, parce qu'ils
ne penfent pas comme nous. Comme
je crois qu'il n'y a aucune perfonne
de bon fens qui ne convienne de
ceci, je vais décrire, quoi qu'il en

puisse arriver, les sentimens des A-
jaoiens.

Ces peuples ne reconnoissent aucun
fondateur ni de leur République, ni
de leur Religion. Aussi n'y a-t-il parmi eux ni secte ni parti, soit dans la
Religion, soit sur les affaires d'Etat.
Ils n'ont ni livre sacré ni loi écrite :
ils ont seulement certains principes
émanés du sein de la raison la plus
saine, & de la Nature même; principes dout l'évidence & la certitude
font incontestables, & sur lesquels
ils reglent tous leurs sentimens &
toutes leurs opinions. Cela étant
ainsi, ces sentimens peuvent-ils
manquer d'être sûrs, sains & purs ?

1. Principe. *Ce qui n'est point, ne*
peut donner l'existence à quelque chose.

2. Principe. *Traitez les autres*
comme vous voudriez qu'ils vous trai-
tassent.

Du premier de ces principes font
tirés leurs sentimens sur la Religion ;

& le deuxieme regle toute leur conduite , tant pour le civil que pour
la politique.

Il n'y a pas de perfonne de bon
fens qui ne conçoive que les A-
jaoiens, fuivant ces deux principes,
regardent la feule Nature comme leur
bonne mere. Eternelle dans fon exiftence, difent-ils, & fouverainement
parfaite dans fon effence, elle a donné l'être à toutes les créatures, &
tout fe paffe en elle avec tout l'ordre néceffaire pour la confervation
& l'entretien de ces mêmes créatures.
Voilà donc leur Divinité.

Plus foumis que nous aux claires
lumieres d'une raifon faine & fans
préjugé, ils ne vont pas inventer
une chimérique époque pour y fixer
la naiffance des premieres créatures,
qu'on fait fortir (contre le premier
principe) des mains vuides d'un
Etre incompréhenfible, invifible, inconnu, inventé à plaifir; à-peu-près

comme un joueur de gibéciere fait
fortir une mufcade de deffous un go-
belet, qu'il avoit fait voir vuide aux
fpectateurs. Les Ajaoiens, plus rai-
fonnables, regardent comme leur mere
cette Nature, que l'expérience nous
démontre être la mere commune de
toutes les créatures qui, par une admirable circulation, fortent continuellement de fon fein & y retournent de même. Il eft vrai que l'éternité paffée de l'exiftence de l'univers
n'eft pas plus comprife par un A-
jaoien que par un Chrétien; mais ils
avouent franchement combien les
connoiffances de l'efprit humain font
bornées : peu femblables en cela à
nous autres, qui nous donnons la tor-
ture pour inventer de fauffes raifons,
dans la feule vue de répondre à
tout, bien ou mal. Ainfi, lorfqu'on
leur demande, comment il fe peut
faire qu'il n'y ait pas eu un commencement à l'exiftence de la Na-

ture ? ils avouent que cette éternité d'exiſtence paſſe l'eſprit humain ; mais ils ſoutiennent qu'ils ne ſont pas moins en droit pour cela de le croire, parce qu'ils ne la trouvent ſujette à aucune contradiction : au lieu, qu'en ſuppoſant un point où la Nature a commencé à exiſter, & quelque autre point où elle aura commencé à produire des créatures, la raiſon ſe trouve dans un labyrin-the d'objections & de contradictions inexplicables.

Auſſi rien ne leur donna-t-il mieux lieu de ſe moquer de nous autres Européens, que lorſque diſputant avec eux, je leur expliquai nette-ment nos ſentimens ſur l'exiſtence éternelle de notre Dieu. „ Qui „ ſont les plus ridicules, dirent-ils, „ de vous ou de nous, ſur cet ar-„ ticle ? Vous ſuppoſez votre Dieu „ (car il vous ſera impoſſible de „ démontrer ſon exiſtence *a prio-*

„ ri) (4) ; & vous le fuppofez
„ un Etre invifible & qui eft par-
„ tout; qui de toute éternité n'a été
„ occupé que de lui-même, & qui
„ depuis quelques nonante mille lu-
„ nes a fait toute la Nature : de
„ quoi ? de rien. Cette idée & ces
„ attributs de votre Divinité, font
„ grands & pompeux, mais auffi
„ fantaftiques que cette Divinité mê-
„ me. Cette invifibilité eft ingénieu-
„ fement inventée. Car à fa faveur
„ on peut faire ce Dieu tout ce
„ qu'on veut ; & fa toute-puiffance
„ eft merveilleufe : car à fa faveur
„ qu'y a-t-il qu'on ne faffe faire à
„ ce Dieu, quand on le trouvera né-
„ ceffaire ? On ne doit pas être fur-
„ pris fi un tel Dieu eft l'agent de
„ tous les politiques de votre Euro-

(4) Je me fers de ce terme d'école, pour
éviter une longue périphrafe fort embrouil-
lée, & parce qu'il exprime la penfée des
Ajaoiens.

,, pe. Que ne peuvent-ils pas faire
,, avec un tel reſſort ? Mais après
,, tout , quel détour ? Cet Etre a
,, fait la Nature , la Nature nous a
,, faits, (car la choſe eſt d'une vérité
,, d'expérience.) Nous prenons un
,, chemin plus court & plus raiſon-
,, nable, en regardant comme éter-
,, nelle cette Nature même , que
,, nous ſavons avoir exiſté depuis
,, tant de ſiecles, avec le même or-
,, dre que nous y voyons, que nos
,, ancêtres y ont vu , & que nos
,, deſcendans y verront."

Les Ajaoiens ſe croient donc fondés en raiſon, pour mettre la Nature
à la place de ce que nous nommons
Dieu. Du moins eſt-il certain que
ce n'eſt ni imagination ni préjugé,
qui leur a fait prendre ce parti : car
j'ai remarqué que ces peuples en ſont
abſolument exempts ; bien différens
de nous encore en cela : car il eſt
conſtant que la plupart du temps,

nous défendons à force de préjugés
une opinion née du préjugé ; & l'o-
piniâtreté qui nous eſt ſi naturelle ,
nous fait chercher tous les moyens
de ſoutenir *per fas & nefas* , une opinion que nous avons une fois ad-
miſe.

En effet , pourquoi nous autres
Chrétiens voulons-nous que la Nature ait eu un commencement , ſinon
parce que nous conſidérons tout par
relation à nous-mêmes , & que d'un
côté, l'exiſtence de cet univers tom-
bant ſur nos ſens , & de l'autre , notre orgueil étant contraint de reconnoître un point où nous avons commencé d'être , nous ſommes bien-ai-
ſes de trouver le même défaut dans
ce grand tout dont nous faiſons partie. La conſolation des malheureux
eſt d'avoir des ſemblables. De-là
l'idée ou plutôt l'opinion d'un Etre
Dieu , Maître & Auteur de la Nature , comme de nous , Etre enfant

de l'imagination, mais inconnu à la raifon, & par conféquent aux A-jaoiens.

Il eft aifé de voir que de ce premier & principal fentiment des A-jaoiens, s'enfuit la perfuafion où ils font, de l'inutilité des cérémonies d'un culte public, & de la mortali-té de ce que nous appellons ame. Auffi ces peuples n'ont-ils ni temples, ni autels, ni prêtres. En effet puifque c'eft de la Nature qu'ils croient tenir l'être, le mouvement & la vie, quelle raifon auroient-ils de lui adreffer des prieres, de lui faire des vœux, de lui brûler de l'encens, & de lui égorger des victimes? Cé-rémonies propres à nourrir la fuper-ftition des peuples, à les endormir, & à faire réuffir les deffeins des po-litiques. La Nature n'eft pas une capricieufe, difent-ils, dont on puif-fe faire changer l'ordre aux dépens de quelques quartiers de bœuf ou de

mouton rôti, ou avec la grande fu-
mée de quelques grains de gomme,
ou par une priere prononcée par une
bouche hypocrite. Ses loix font im-
muables, fes révolutions fe font toujours avec le même ordre, & rien ne
peut la détourner le moins du monde de fon cours ordinaire ; ainfi ces
prieres, ces vœux, ces facrifices font
autant d'inutilités , feulement à la
charge de ceux qui font affez fots
pour s'y foumettre , & feulement
avantageufes à ceux qui en font les
miniftres.

Venons à l'ame: c'eft un être que
les Ajaoiens ne reconnoiffent point.
Ceci va paroître ridicule , fans cependant l'être en aucune maniere
par rapport à ces peuples. Car
il faut s'imaginer ces Infulaires, comme une Nation qui n'a de commun
avec les autres hommes, que la feule
figure, & qui n'a rien de nos idées,
de nos préjugés, de nos imagina-

tions, de nos opinions, excepté cependant les pures notions d'une faine raifon; mais c'eft chez eux qu'on les fuit, & chez nous qu'on les étouffe. Quoi qu'il en foit, pourquoi avons-nous imaginé au dedans de nous cet être que nous nommons ame? finon pour foutenir notre idée de notre Divinité, & en même temps notre extraction & notre prétendue reffem-blance avec ce Dieu. Il nous a créé à fon image, difons-nous: nous le fuppofons fpirituel: notre corps ne peut être la copie de ce divin original; il a fallu inventer autre chofe, & on a placé dans l'homme un fecond être qui fait une partie de lui-même, qui connoît tout & qui ne fe connoît point lui-même.

L'Ajaoien raifonne autrement & fans fuppofition, peut-être eft-ce parce qu'il n'a point d'idée d'un Etre fpirituel: hé, qui eft-ce qui en a une jufte idée ? Quoi qu'il en foit, quand on lui demande s'il ne differe donc pas des autres animaux ? Sans doute, répond-il, car toutes les créatures ne font pas revêtues d'égales perfections. Voici un véritable axiome fondé fur l'expérience de tous les jours, & fur la nature même des chofes, axiome dont l'Ajaoien conclud qu'il differe du lion, comme le lion differe du loup, &c. parce que toutes les créatures n'ont pas les mêmes perfections.

Mais quand on lui demande d'où il fait donc fortir cette raifon dont il eft doué, il foutient par bonnes raifons (que je produirai peut-être ailleurs) que, quoique ce foit cette raifon qui nous diftingue des autres animaux, elle ne nous diftingue que du plus au moins, puifque chaque animal en a quelque portion, & que tout ce qui fait cette différence, c'eſt que la partie dont nous ſommes doués eſt la plus excellente, ou parce que nous en avons une plus grande portion, ou enfin parce que nos organes ſont conſtitués d'une maniere à faire d'autres fonc-tions. C'eſt ce qu'un Ajaoien prouve par mille exemples tirés de la nature; & de la conduite de la plupart des animaux, dans leſquels on trouve tout ce qui ſe trouve dans l'homme à cet égard, à la vérité dans un degré inférieur. Ceci ſemblera ſans doute étrange à bien des gens, mais qu'ils en accuſent leurs préjugés.

De-là les Ajaoiens concluent que ce que nous appellons ame, n'eſt autre choſe qu'une partie de cette matiere ſubtile & très-déliée, qui regne dans toute la Nature, & qui eſt répandue dans tous les corps, plus ou moins, ſelon la nature de leur conſiſtance. Cette matiere a ſa ſource dans le ſoleil, d'où elle tire un

mou-

mouvement continuel , c'eſt le feu
le plus pur qui ſoit dans la Nature.
Il ne brûle pas de lui-même , mais
par les différens mouvemens, qu'il
donne aux particules des autres corps
où il eſt inſinué , il brûle & fait
reſſentir ſa chaleur. Le feu viſible,
diſent-ils , a plus de cette matiere
ſubtile que l'air , celui-ci plus que
l'eau , & la terre encore moins que
celle-là. Entre les mixtes, les plantes en ont plus que les minéraux,
& les animaux encore plus. Enfin
ce feu inſinué dans le corps le rend
capable de ſentiment, & c'eſt ce que
les Européens appellent l'ame , qui
n'eſt autre choſe que les eſprits
animaux qui ſont répandus dans toutes les parties du corps. Or il eſt
certain que cette ame étant de même nature que les animaux , elle
ſe diſſipe à la mort de l'homme ,
comme à celle des autres ani-

D

maux; ainsi tout ce que les Européens disent de l'immortalité de leur
ame, n'est qu'une chimere inventée
par d'habiles politiques, leurs législa-
teurs, pour les tenir dans une crainte continuelle d'un prétendu avenir ; crainte, qui doit rendre leur
vie un tissu de miseres & de
frayeurs, dont rien ne peut les
exempter.

Point de culte public religieux,
point de sacerdoce non plus. Les
peres de famille dans leur domestique ont soin tous les jours au soir
d'entretenir ceux qui dépendent
d'eux, des devoirs d'un bon citoyen,
& de ce que la société exige de
ceux qui en font les membres.
Voilà les prédicateurs des Ajaoiens:
voilà la matiere de leurs ser-
mons.

Comment une République de gens
qui ont de pareils sentimens, peut-

elle fubfifter, diront fans doute nos
gens pleins de préjugés? Ce qu'on
verra dans la fuite de cette relation :
& j'ofe même avancer que leur gouvernement y eft plus fain, les mœurs
plus pures, & les loix mieux obfer-
vées que dans aucun pays. Quoi,
s'écriera-t-on, fans Divinité, fans
crainte d'un éternel avenir? Oui,
& qu'on ne m'en croie pas fur ma
parole : qu'on en juge par ce qui
fuit; mais je le répete, on ne doit
pas juger des Ajaoiens par nous-
mêmes; ils n'ont ni nos paffions, ni
nos inclinations, ni nos defirs; ils
ne connoiffent ni notre lubricité, ni
notre ambition, ni notre avarice;
ils doivent ce bonheur à leur éducation : qu'on en juge donc fans la
prévention de la corruption de nature. La Nature n'eft corrompue
que pour nous, en qui, nos parens,
nos maîtres, les exemples, tout ce

qui nous environne la corrompt;
mais elle est saine où on ne reconnoît que ses loix, & où on ne
mêle point les mauvais exemples à
ses sains principes.

CHAPITRE IV.

De l'éducation de la Jeuneſſe chez les Ajaoiens.

L'ISLE d'Ajao eſt diviſée en ſix diſtricts, comme je l'ai déja dit, ou pour mieux dire, en ſix villes qui forment chacune une République à part. Ainſi cette République eſt compoſée de ſix petites Républiques particulieres. Quand on connoît la conſtitution de l'une, on connoît celle des cinq autres. Je me fixerai donc à celle d'Ajao, la plus ſpacieuſe des ſix, & celle que j'ai le plus fréquentée, parce qu'elle eſt la réſidence du Souverain Magiſtrat, qui eſt la ſeule choſe en quoi elle differe des autres, & parce qu'on m'y a aſſigné ma réſidence.

Ajao eſt diviſée en ſix triangles, qui forment autant de quartiers :

chaque quartier contient entre six à huit cents maisons. Chaque maison loge d'ordinaire vingt familles. Ce sont de longs bâtimens, séparés les uns des autres, qui font comme autant de petits palais, qui sont habités en bas & au premier étage, n'étant pas plus hauts. Les toîts sont des plates-formes couvertes ou de cuir ou même d'or, mais plus ordinairement de cuir. Chaque famille comprend son chef, ses deux femmes, les enfans qu'il en a jusqu'à l'âge de cinq ans, & ses esclaves.

Il y a deux maisons publiques, ou plutôt deux vastes colléges, où on éleve toute la jeunesse de la ville, les garçons dans l'une, les filles dans l'autre. C'est-là que les peres de famille sont obligés de les conduire dès le premier jour de leur sixieme année; & ils chargent la République du précieux soin de leur éducation, en disant en présence du Magistrat

de la ville: „ Voici un citoyen (ou
„ une citoyenne) que je donne à
„ l'Etat, afin qu'il l'éleve de manie-
„ re qu'il (ou qu'elle) lui soit uti-
„ le."

Le Magistrat a la direction de
ces deux maisons, laquelle est re-
gardée comme un des plus impor-
tans devoirs de sa charge; tant on est
persuadé que de la bonne éducation
de ces petits citoyens dépend le bonheur de la République. Des hommes & des femmes veuves, qui ont
renoncé à un nouvel hymen, sont
par le choix du Magistrat, les gouverneurs & les gouvernantes, les uns
des garçons, & les autres des filles.
Voici comme ils sont nourris &
instruits. Parlons d'abord des garçons.

On a un grand égard pour l'âge.
Les plus jeunes dorment ordinairement huit heures, & les autres,
au dessus de dix ans, jamais plus de
six. Aussitôt leur lever, on les fait

laver dans des bains tiedes ou froids,
felon la faifon. On ne peut pas
croire combien cette coutume con-
tribue à les exempter de mille petites
maladies, auxquelles les enfans de nos
pays font fujets: car outre qu'ils laiffent dans ces bains toute la craffe
qui s'amaffe le jour & la nuit fur la
peau, il femble que les fimples que
l'on mêle dans les eaux de ces bains,
contribuent à donner à tous leurs
membres, une vigueur qui les rend
propres à toutes fortes de travaux. Ils
prennent enfuite leurs habits, qui con-
fiftent en une efpece de chemife de
coton, qui eft faite en pantalon,
& ils en changent tous les deux jours;
une robe qui leur pend jufqu'à un
pied de terre; un bonnet de laine
doublé d'une toile de coton de couleur; & lorfqu'ils fortent ils ont une
efpece de manteau fort léger. On
ne fait ce que c'eft de les mettre
en prifon dans des corps de baleine;

on laiffe faire la Nature qui jamais
ne gâte fon ouvrage, car on ne
voit jamais chez eux ni boffus, ni
boiteux, ni jambes tortues, ni pieds
moignons. Cependant jamais on ne
les bande dans leurs langes, comme
font les meres & les nourrices de
nos pays.

Dès qu'ils font habillés, ils commencent leurs exercices, dont le premier eft la lecture & l'écriture, qui
dure environ deux heures, après
quoi ils font un léger repas confi-
ftant en un morceau de pain &
quelques fruits rafraîchiffans, fur quoi
ils boivent un verre de bierre qui
eft de force différente felon leur âge.
Ce déjeûné eft fuivi d'un exercice
plus violent: on fait faire d'affez
longues promenades aux jeunes dans
les campagnes, où, fous prétexte de
les récréer, on leur fait arracher toutes les mauvaifes herbes qui croif-
fent dans les bleds naiffans. Les

plus âgés s'exercent, les uns à monter à cheval, les autres à la lutte,
d'autres à tirer adroitement une fle-
che : exercices par lefquels on les
fait paffer fucceffivement. On les
mene auffi quelquefois dans les bois:
là les uns chaffent, & les autres ai-
dent aux citoyens à ramaffer les bois
coupés. Lorfqu'ils apperçoivent le
foleil proche de leur méridien, ils
retournent à la maifon où un dîner
frugal les attend. On leur fert d'a-
bord une efpece de foupe ou plutôt
de bouillon, fait du fuc de plufieurs
fortes de viandes cuites enfemble
avec du ris : ceci eft un mets qu'on
fert réguliérement tous les jours.
Après ce bouillon diftribué par me-
fure, felon l'âge, on leur fert un
plat de rôti ou de poiffon. Avant
d'en manger, ou après le repas, ils
boivent un grand verre de la même
bierre que le matin ; & voilà leur

dîner. Après lequel on leur accorde
l'espace d'une bonne heure pour leur
récréation, qui se passe à chanter ou
à jouer des instrumens qui ressem-
blent assez à quelques-uns des nôtres.
Mais ils ne connoissent point ces airs
lascifs & enchanteurs qui font tant
du goût de nos jeunes gens. Leur
musique n'a rien d'efféminé, & leurs
chansons ne sont que des especes
d'odes qui contiennent ou un élégant
abrégé de l'histoire de leur pays, ou
les éloges dûs à la vertu, ou le récit
des merveilles de la Nature. Telles
sont celles qu'entre autres j'avois ap-
prises, & qui sont en vers dans la langue Ajaoienne, mais que je me con-
tenterai de rendre en prose.

ODE

Sur la fondation de la République d'Ajao.

Dans des temps reculés de plus de

quarante mille lunes, nos peres, nos
fages peres, ennuyés de vivre parmi
des peuples dont les mœurs barbares
étoient odieufes, & dont les fentimens
étoient la fuperftition même, facri-
fiant à des ftatues d'or & d'argent
qu'ils reconnoiffoient pour maîtres
de leur deftinée; nos peres, nos fages peres, ont quitté ces Nations, &
la Nature les a portés fur fes eaux,
avec le fecours de fes vents, jufques
dans la terre d'Ajao. Heureufe colonie ! Heureux peres d'un peuple
fortuné ! Nous vous devons notre
tranquillité ! Nous vous devons la
douceur de notre vie ! Nous vous
devons la pureté de nos mœurs ! Enfans, imitons de tels peres: Enfans,
chantons leurs louanges : les imiter
c'eft les louer. Enfans, imitons-les:
que leur race dure autant que la
Nature, à jamais !

ODE

Sur la Vertu.

Qu'heureux font ceux qui font le bien! un cœur tranquille eft leur récompenfe. Ils jouiffent, tant qu'ils voient le foleil, des douceurs de la paix. La patrie les aime comme fes plus chers enfans; ils en font la gloire. Qu'il eft glorieux d'être aimé d'une telle mere! Gagnons fon amour, enfans d'Ajao. C'eft la vertu qu'elle aime! Que la juftice, que la pudeur, que la tempérance, que la fageffe brillent dans toutes nos actions : car la patrie aime ces vertus. Enfans d'Ajao, foyons vertueux; nos jours en feront plus heureux!

ODE

Sur les merveilles de la Nature.

Tes loix font admirables, nourricière des humains & de tous les êtres! De tes mains libérales fortent tous les biens. O Nature, Nature, notre bénigne mere! qui peut chanter dignement la grandeur de tes ouvrages. Rendons-nous dignes des bienfaits d'une telle mere, qui nous a donné l'être, & qui nous l'entretient autant de temps que nous pouvons être capables de goûter ces biens, & de comtempler ces merveilles, cette viciffitude des faifons, ces êtres qui nous échauffent, nous éclairent, & donnent la vie à toute cette production non-interrompue d'êtres engendrés les uns pour les autres. La verdure des champs réjouit nos yeux, l'émail du ciel attire nos regards, le chant des oifeaux

râvit nos oreilles ; tout dans la Nature, & la Nature même, toujours femblable à elle-même, nous démontre
fon éternité. Donnons-lui toutes nos
admirations.

Telles font la plupart des chanfons
des Ajaoiens, qui ne connoiffent pas
ces chanfons bachiques, amoureufes
& équivoques, qui ont été de tout
temps & qui font encore en vogue
dans notre Europe, où elles fervent
à corrompre les deux fexes, dès leur
plus tendre jeuneffe. De-là on peut
juger quels font leurs divertiffemens,
c'eft-à-dire, récréatifs, modérés &
honnêtes.

Après cette honnête & néceffaire
récréation, ceux qui font en âge d'apprendre quelque métier, vont travailler
chez les maîtres dans la ville ; & les
maîtres font ordinairement leurs peres, dont ils ont coutume d'embraffer
la profeffion. On occupe à lire &
à écrire pendant ce temps-là ceux

qui restent à la maison, & tous se trouvent au réfectoire au coucher du soleil. Là ils font un léger repas, qui consiste en légumes cuits (car ils n'en mangent jamais de crus) & en fruits. Ce repas est suivi d'une autre récréation, après laquelle ils vont au lit.

Les filles sont élevées de la même maniere quant à la nourriture, mais leurs exercices sont tels qu'il convient à leur sexe ; & sans parler des ouvrages de l'aiguille qu'elles apprennent toutes, on a grand soin de leur apprendre, dès qu'elles ont 15 à 16 ans, à devenir meres de famille ; c'est-à-dire, à conduire leur ménage ; des soins duquel les Ajaoïens se reposent sur leurs femmes. Mais surtout on leur apprend à avoir un véritable attachement pour celui qui les choisira pour épouses, & à étudier tout ce qui peut contribuer à lui ren-

rendre la vie douce & agréable, &
à compenser les fatigues auxquelles
les néceffités de la vie nous obligent.
J'oubliois de remarquer que, quoique les Ajaoiennes fachent toutes
fort bien lire, on prend un grand
foin de ne leur apprendre pas à
écrire : ceci m'ayant paru affez extraordinaire, je n'ai pu m'empêcher
d'en demander la raifon, & tout ce
que j'ai pu en apprendre c'eft,
qu'on ne doit donner fon temps
qu'aux chofes utiles & néceffaires,
& que l'écriture eft tout-à-fait
inutile aux femmes, qui ne fe mê-
lent en aucune maniere du gouvernement, ni de la juftice. J'avoue
que cette coutume ne m'a point du
tout paru mauvaife ; & que fi elle
avoit été reçue, de tout temps, dans
nos pays, nous aurions peut-être
encore plus d'eftime pour le fexe,
qui n'auroit pas eu la démangeaifon de

E

s'ériger en Auteur, ce qui nous
auroit caché bien des défauts. Nous
laiſſons ces ſéminaires de cîtoyens,
pour parler des citoyens mêmes.

CHAPITRE V.

Des differens Magiſtrats des Ajaoiens.

CHAQUE maiſon contient, comme j'ai déja dit , vingt familles. Les chefs de chaque famille qu'on appelle Minch , en choiſiſſent deux , qui par le choix acquierent le nom de Minchiſt & ont l'inſpection ſur toute la maiſon. Chacun de ces Minchiſts ou chefs ſupérieurs, l'eſt deux ans , & on en change un tous les ans, ou plutôt, comme ces peuples comptent , toutes les quatorze lunes. Les quarante Minchiſts de vingt maiſons voiſines l'une de l'autre, s'aſſemblent auſſitôt qu'ils ont été choiſis , & en choiſiſſent deux qu'on nomme Minchiskoa , & qui ont inſpection ſur ces quarante Minchiſts. Ainſi chaque quartier de la ville d'Ajao, contenant 800 maifons, il y a dans chaque quartier 80 Minchiskoa ou directeurs de vingt maifons. Les Minchiskoa s'affemblent dans la maifon commune de leur quartier, & là ils élifent à la pluralité de voix, deux anciens Minchiskoa, qui par cette élection deviennent Minchiskoa - Adoë, qui forment le confeil de la ville, lequel choifit quatre des plus fages & des plus prudens de ceux qui ont été Minchiskoa-Adoë pendant les années précédentes, pour les envoyer à l'affemblée des Etats; & ce font ces vingt-quatre Députés des Etats qui forment le Souverain Magiftrat, devant lequel j'ai comparu & dont j'ai parlé dans mon premier chapitre.

Ces Minchiskoa-Adoë, Députés au Confeil Souverain, prennent le nom de Adoë - Refi. Ils reftent fix ans en charge: mais on n'en change que deux tous les trois ans, afin que les deux qui reftent en charge inftruifent les nouveaux Députés de l'état des affaires.

On refte Minch toute fa vie, mais lorfqu'on a paffé par quelqu'une des autres charges, rarement eft-on élu une feconde fois ; car on fait ce qu'on peut pour élever aux honneurs chaque citoyen à fon tour, afin que chacun fe rende digne d'y être ap-pellé : coutume qui donne tant d'émulation à tous les citoyens, qu'il n'y a perfonne qui ne regle fa conduite, de forte qu'elle foit irréprochable, & qu'il n'ait pas la honte d'en voir élire dans fon quartier de plus jeunes que lui.

CHAPITRE VI.

La Police des Ajaoiens.

LE tien & le mien font ignorés
dans l'Ifle d'Ajao : cependant
tout n'y eft pas abfolument en commun. Perfonne ne poffede de terres
en propre. Elles appartiennent toutes
à l'Etat, qui a foin de les faire culti-
ver & d'en diftribuer les fruits dans
chaque famille. Voici comme ils
pourvoient à cette culture. Auffitôt
qu'un garçon eft entré dans fa ving-
tieme année, il eft obligé de fe marier
fous peine d'infamie, & d'y être contraint par le Magiftrat, & il ne peut
attendre jufqu'à fa vingt-deuxieme.
Cette loi étant auffi ancienne que
l'Etat, il n'y a pas d'exemple qu'elle
ait jamais été enfreinte ; & un garçon
a foin, dès qu'il a atteint fa ving-
tieme année, de fe choifir fes deux

femmes; car il les époufe d'ordinaire toutes deux le même jour.

Les jeunes mariés ne demeurent
pas dans la ville: ils emmenent auffitôt leurs époufes à la campagne, dans
le village où les Minchiskoa-Adoë,
devant lefquels ils fe marient, leur
affignent une demeure; en quoi les
Minchiskoa-Adoë ont égard à l'étendue des terres dépendantes des villages de leurs diftricts, & au nombre
des laboureurs qui font dans chaque
village; car on tient des regiftres
exacts de toutes ces chofes. Ce font
ces nouveaux mariés qui peuplent les
villages du diftrict de leur ville, dont
ils font tous cenfés citoyens; & ils
fe gouvernent dans ces villages à peu
près comme dans la ville: car ils ont
des Minchifts qu'ils élifent eux-mêmes, lefquels élifent des Minchiskoa,
qui dépendent des Minchiskoa-Adoë
de la ville, auxquels ils font toutes
les nouvelles lunes un rapport exact

de tout ce qui s'eſt paſſé dans leur village.

Ces nouveaux mariés peuplent la campagne & ſont chargés de l'agriculture. Auſſitôt qu'un Minch de la ville a atteint 75 ans, il quitte le ſéjour de la ville pour aller paſſer le reſte de ſes jours à la campagne, où chaque village a un quartier qu'on appelle le quartier des vieillards, dans lequel on a grand ſoin d'eux. Alors les Minchiskoa-Adoë appellent à la place de ces vieillards & de ceux qui meurent, les plus anciens des Minchs de la campagne, au deſſous de ſoixante ans, car alors ils ſont encore en âge de paſſer par les emplois: les Ajaoiens n'ayant égard dans leurs élections, ni à la condition, ni à la faveur, parce que la vertu ſeule leur donne droit aux premieres charges dont ils ſe rendent tous capables.

Il y a des greniers & des magaſins publics dans chaque ville & dans chaque village, & de ceux-ci on transporte les fruits & les grains à la ville, autant que les Minchiskoa-Adoë jugent qu'on en a befoin. Il en eft de même de toutes les autres provifions. Il y a des pêcheurs publics, des chaffeurs, des bouchers, des boulangers. Toutes ces provifions font portées à la ville, toujours dans une égale quantité, dans des halles, où il y a des perfonnes prépofées par les Minchiskoa-Adoë pour en faire la diftribution dans chaque quartier. Les Minchiskoa les font diftribuer à chaque maifon, & les Minchifts dans chaque famille. Cela fe fait tous les quatre jours ; en moins de deux heures de temps tout fe paffe avec ordre.

Il en eft de même des vêtemens. Les Minchiskoa-Adoë ont le foin de faire travailler par an certaines quantités d'étoffes, & que la diftribution s'en faffe à peu près de la même maniere que les vivres, c'eſt-à-dire, que, lorſque quelqu'un a beſoin d'une robe, d'un manteau, ou d'un pantalon, (car voilà tout leur habillement) il va le demander aux Minchiſts qui le lui donnent auſſitôt.

Les autres choſes, de moindre importance, dont on a beſoin, comme les meubles, les uſtenſiles de cuiſine, les ſouliers, les bonnets, toutes ces choſes s'achetent par troc. Cette coutume fait que chacun s'applique à ſa profeſſion, afin de ne manquer de rien. La même police s'obſerve à la campagne. Outre qu'il arrive ſouvent qu'on ſe fait un plaiſir de ſe prévenir l'un l'autre dans ſes beſoins, comme le doivent des gens qui ſont tous freres, reconnoiſſant une mere commune à qui ils doivent ce qu'ils ſont; de ſorte que, ſi ceux d'une même maiſon qui ſont de différentes profeſſions, voient qu'il manque quelque chofe à un autre, ils viennent d'eux-mêmes le lui offrir, en fe réfervant à la vérité le droit de lui demander autre chofe dans l'occafion. Il arrivera de même affez fouvent, qu'un particulier ayant befoin de quelque chofe qui fe trouvera chez un autre, qui n'a pas befoin de ce qu'il peut lui donner en échange, il ne laiffera pas de l'obtenir. En un mot, on fe fait un plaifir véritable de s'obliger mutuellement, & cet efprit regne parmi tous les habitans de l'Ifle. N'en foyons pas furpris, ils y font accoutumés, on les eleve ainfi.

J'ai dit ailleurs que les mines étoient publiques. Il n'y a pas d'Ajaoien qui n'y faffe au moins un pélérinage en fa vie, pour admirer fur les lieux ces miracles de la Nature, & en emporter autant qu'il croit en avoir befoin. Les habitans du diftrict de Kaluki s'appliquent

furtout à préparer les métaux ; car
ils ont fort peu de terres laboura.
bles ; & ils les échangent avec les
voyageurs pour d'autres chofes qu'ils
leur apportent des autres diftricts ;
fans compter que toutes les fept lunes ils en envoient une certaine
quantité dans les magafins des cinq
autres villes.

CHAPITRE VII.

Fonctions des Minchifts, des Minchis-
koa, des Minchiskoa-Adoë, &
des Adoë-Rezi.

CES quatre fortes de Magiftrats, fubordonnés les uns aux autres, font chargés de tout le poids du Gouvernement, de la Police, de la Juftice, de l'entretien des peuples. Les Minchiskoa-Adoë ont la charge la plus pénible, car ce font comme les peres d'un vafte diftrict, dont il faut qu'ils nourriffent & gouvernent toutes les familles. Ils tiennent des regiftres exacts de citoyens qui naiffent, & de ceux qui meurent dans toute leur dépendance; car il y a une infinité de chofes qui chez eux dépendent de l'âge. Ils ont un autre regiftre de l'étendue des terres de leur diftrict & de chaque

village , de ce dont elles doivent
être enſemencées & de leur rapport
proportionnel ; un autre regiſtre de
ceux qui ſont dans chaque profeſſion,
parce que ſelon l'avantage que cette
profeſſion rapporte à l'Etat , on regle le nombre de ceux qui doivent
l'embraſſer.

Je dirai en paſſant, que les métiers
qui ſont le plus en vogue chez les
Ajaoiens , ſont ceux de laboureurs
(ils le ſont tous), d'ouvriers en drap,
de boulangers , de pêcheurs , de
bouchers , de ſerruriers , de chau-
deronniers (qui font toute la vaiſſelle
d'or ou d'argent) , de charpentiers ,
de maçons , de cordonniers , de
braſſeurs, d'armuriers, & de buche-
rons. Ils n'ont ni médecins , ni chi-
rurgiens, ni cuiſiniers, ni pâtiſſiers,
ni tailleurs (chaque femme fait tous
les habits de la famille) , ni avocats, ni
ſergents, ni notaires. Quelques-unes
de ces profeſſions leur ſont tout-à-fait

inconnues, & les autres paſſent chez
eux, ou pour inutiles, ou préjudicia-
bles à la ſociété. En effet, quoi de
plus inutile, pour ne pas dire préju-
diciable, que la médecine ? Y a-t-il
un médecin, tel habile qu'il fût, qui
pût ſe vanter de prolonger d'une mi-
nute la vie d'un homme ? Leur art eſt
plutôt une honnête charlatanerie qu'u-
ne ſcience certaine, & on ſait aſſez
qu'on peut à bon droit les appeller
des aſſaſſins privilégiés & exempts des
recherches de la juſtice. Les cuiſiniers & pâtiſſiers ne doivent être
ſoufferts dans aucun Etat, où on veut
conſerver la ſanté des ſujets, qu'ils
ont l'art de ruiner par la délicateſſe
de leurs aſſaiſonnemens. Pour les
gens de rôbe, on voit qu'ils ſont inutiles aux Ajaoiens, qui vivent en freres les uns envers les autres, & qui
n'ont rien en propre. Mais quand cela
ne feroit pas, ces ſortes de gens ont
ſi peu de conſcience & tant d'avidi-

té, qu'ils font la pefte de la fociété, & le fatal flambeau qui allume continuellement la difcorde. Mais treve de réflexions, venons à nos moutons.

Les Minchiskoa-Adoë prennent foin que perfonne ne foit inutile, & que l'agriculture foit foigneufement exercée, & la jeuneffe bien élevée. Ce font-là leurs trois grandes occupations. Ils envoyent des ordres aux Minchiskoa des villages, pour faire tranfporter à la ville les chofes néceffaires, & pour tranfporter le fuperflu d'un village dans un autre village, qui manquera de quelque chofe. Et fi par quelqu'accident, il arrive qu'une ville & fon diftrict foit en défaut de quelque chofe de néceffaire, ils l'envoyent demander aux Minchiskoa-Adoë des cinq autres villes, qui fe cottifent pour leur fournir felon la quantité qu'ils peuvent en avoir de fuperflu. Or comme ces ha-

habitans de la campagne ont une partie d'eux-mêmes dans la ville, je veux dire leurs enfans, qui font dans les maifons d'éducation, il ne faut pas s'étonner qu'ils faffent leurs efforts pour aider la Nature à ne les laiffer manquer de rien.

Sur le nombre des maifons de chaque quartier, dont les Minchiskoa-Adoë ont des liftes, ils reglent deux fois la femaine (5) la diftribution des vivres qu'ils envoyent dans les halles de chaque quartier, où les Minchiskoa ont foin de les diftribuer aux Minchifts, felon le jufte nombre des familles de chaque maifon ; les Minchiskoa des villages en font autant: ainfi toute une ville eft réglée comme la maifon d'un particulier.

Un autre jour de la femaine, les

_____

(5) Les Ajaoiens n'ont pas de femaines, mais je donne ce nom à ce qu'ils nomment Pehid, & qui comprend un quartier de la lune.

F

Minchiskoa - Adoë tiennent pour ainſi dire les Aſſiſes , c'eſt-à-dire qu'ils reçoivent les plaintes & les remontrances de chaque particulier , qui peut paroître ſans crainte , & parler avec autant de liberté qu'un Polonois dans les Dietes , ou un Anglois dans le Parlement ; & ſur le champ les Minchiskoa - Adoë prenant la choſe en conſidération , y remédient ſelon que la prudence le demande : par ce moyen la paix & la tranquillité ſont maintenues dans l'Etat ; & les peuples ne peuvent s'en prendre qu'à leur nonchalance & à leur timidité , ſi quelque choſe leur manque ou n'eſt pas dans l'ordre.

Un autre jour ils vont viſiter les Miakarezi ou maiſons publiques, telles que ſont celles des jeunes gens, les hôpitaux des malades , les maiſons des eſclaves, & les magaſins publics, afin de voir ſi tout s'y paſſe dans l'ordre, & ſi les inſpecteurs de ces

lieux s'acquittent de leurs devoirs ;
& au cas qu'ils les trouvent en faute, ils leur ôtent tous leurs emplois,
qui eſt une véritable charge , & ils
deviennent infâmes par cette dépoſi-
tion , parce qu'ils ont manqué dans
le ſervice qu'ils doivent à la République. Ainſi l'honneur & l'intérêt
propre étant les mobiles de toutes
leurs actions , il ne faut pas s'étonner ſi l'on en trouve rarement en
faute , & ſi ces deux motifs font
ſur eux ce que fait ſur nous la
crainte d'une Divinité redoutable.

Chaque Minchiſt prend connoiſſance de tout ce qui ſe paſſe dans la
maiſon dont il eſt Minchiſt , & fait
enſorte , autant qu'il ſe peut, que
tout y ſoit paiſible. S'il arrive quelque déſorde , les Minchiſts font de
leur mieux pour y remédier , par leur
autorité qui eſt toujours très-modé-
rée, avant que la choſe éclate. Mais
dès qu'ils prévoient qu'ils ne pourront

en venir à bout, ils en font rapport aux Minchiskoa, qui vont avec les Minchifts chez les particuliers, auteurs du crime ou du défordre, examinent leurs raifons, & condamnent aux fers celui qui le mérite, ou même à l'efclavage, felon la griéveté du crime: quelquefois même, mais c'eft très-rarement, ils condamnent à une punition corporelle qu'on peut nommer baftonnade; mais jamais ils ne condamnent à la mort, parce, difent-ils, qu'il eft contre la nature & la raifon d'ôter à une créature ce qu'on ne peut lui donner; & qu'en ôtant la vie à un criminel connu pour tel, c'eft le plus grand fervice qu'on lui puiffe rendre, puifqu'on l'ôte à l'infamie & aux remords, fuites ordinaires du crime. C'eft auffi pour cette raifon que leur loi ordonne que, s'il fe rencontre dans la République quelque citoyen affez dénaturé & affez fcélérat pour attenter

à la vie ou à l'honneur de ses concitoyens, il sera condamné à devenir esclave de celui qu'il aura dés-
honoré, ou des parens de celui à
qui il aura ôté la vie, & il ne lui
sera permis d'avoir d'enfans, de
crainte qu'il n'engendre des monstres
semblables à lui ; & afin de le faire
connoître à tous les hommes, on
écrit le nom de son crime sur son
front, avec le jus de certaines
herbes qui ne peut s'effacer. Mais
jusqu'ici pareil monstre ne s'est pas
encore vu dans toute l'Isle d'Ajao.
Vivant comme freres ils n'ont jamais
de querelles, & ils ignorent jusqu'au
nom de vengeance. Les autres crimes
qui pourroient y être plus communs,
comme la paresse, la desobéissance
aux ordres des supérieurs, la négli-
gence de son domestique, sont punis
par les Minchiskoa, comme je viens
de le dire: mais la plus grande punition qui suit celle qui est infligée

par les Minchiskoa, c'eſt que le
condamné devient par-là même in-
capable de faire aucune fonction
publique ; & les noms de tous les
condamnés reſtent pendant 700 lunes, expoſés dans la place publique
ſur une eſpece de colonne, où l'on
marque le nom, la famille, & le
quartier du condamné. Mais il faut
avouer que ces condamnations ſont
très-rares, & que pendant les cinq
ans que j'ai demeuré à Ajao, je n'ai
vu que quatre noms de condamnés
ſur la colonne criminelle ; tant les
Ajaoiens ſont obſervateurs de leur
loi.

La charge des Adoë-Rezi eſt la
plus épineuſe & la plus fatigante
de toutes. Seize Minchiskoa-Adoë
ſont chargés du gouvernement d'une
ville & de ſon diſtrict ; mais les
vingt-quatre Adoë-Rezi le ſont de
celui des ſix villes & de leur diſtrict ; de ſorte que c'eſt le Conſeil

Souverain qui prend connoiſſance
des affaires de la guerre & de la
paix, des deniers, des chemins,
des édifices publics, & des compen-
ſations qu'on doit faire quelquefois
entre les diſtricts, lorſque la recolte
n'a pas éte également abondante
par-tout. C'eſt encore ce Souverain
Magiſtrat qui eſt dépoſitaire des loix
qu'il doit faire obſerver dans toute
la République. Enfin toutes les affaires extraordinaires, telle qu'étoit
celle de notre naufrage, ſont portées devant ce Souverain Conſeil,
qui réſide à Ajao, & qui décide de
toutes les affaires ſur le champ, à la
pluralité des voix.

Les Adoë-Rezi, ou Députés Con-
ſeillers, s'aſſemblent tous les jours,
depuis le lever du ſoleil juſqu'à midi,
dans le palais dont j'ai donné une
légere idée. C'eſt un grand édifice,
où chaque Adoë-Rezi a ſon appar-
tement où il loge avec ſa famille,

F 4

qu'il fait venir demeurer à Ajao
pendant les fix années qu'il y réfide.

Ces vingt-quatre Adoë-Rezi forment quatre Confeils : 1. celui de
la loi, qui rend la juftice ; 2. celui
des terres , qui prend connoiffance
du revenu de chaque année , des
améliorations & des changemens dans
la culture ; 3. celui des édifices, qui
a le foin de l'entretien des édifices
publics de toutes les villes , & des
chemins, ports & côtes de toute l'Isle ; 4. celui des finances , de la guerre, & de la paix.

Il y a une grande falle dans le palais, à côté de laquelle il y a quatre
chambres , où ces quatre Confeils
tiennent leurs affemblées ; & lorfque
quelques affaires extraordinaires demandent un compromis , les quatre
Comités fe rendent dans la falle du
Souverain Confeil , où ces 24 Députés font affis en cercle fur une efpece
de natte , telle qu'on en trouve dans

toutes les maifons d'Ajao, & qui eft faite d'une efpece de jonc fort fouple & de différentes couleurs.

On voit dans le milieu du cercle, qui n'a pas de Préfident, quatre grands livres, dont j'ai parlé au chapitre premier, & dans lequel chaque A-doë-Rezi eft en droit d'écrire les réfolutions prifes en pleine affemblée; car ils n'ont ni fecrétaire, ni greffier, fujets à tourner un arrêt à l'avantage de celui qui paye le mieux. Ces livres ne fortent jamais de la falle du Confeil, où chaque Adoë-Rezi peut les confulter pendant la féance. Outre ces regiftres, chaque Confeil a le fien où il couche toutes fes réfolutions. Voilà l'ordre avec lequel toute la République eft gou-vernée de la maniere du monde la plus tranquille.

CHAPITRE VIII.

De la Guerre, du Tréfor, des Ef-
claves, & de la Politique des
Ajaoiens.

JE ne dirai rien des trois comités
de la loi, des terres & des édifices : il n'y a perfonne qui ne puiffe
aifément concevoir quelles chofes
font du reffort d'un chacun. Je m'é-
tendrai feulement fur le quatrieme,
qui eft celui de la guerre, de la
paix & des finances; parce qu'ayant
fait voir d'un côté que les Ajaoiens
font comme féparés du refte des
hommes, par la fituation de leur
Isle, & de l'autre qu'ils n'ont point
de monnoie, il vient naturellement
dans l'efprit que ce quatrieme confeil eft affez inutile ; mais on fe
tromperoit, comme on va voir : car
tout ce que je vais dire dans ce

chapitre, doit fe rapporter à ce Confeil.

La plus commune opinion parmi
les Ajaoiens, fur leur origine, eft,
qu'ils font fortis de la Chine ou de
la Tartarie, & que leurs ancêtres
n'ont abandonné leur patrie pour
aller habiter quelques terres défertes,
que pour fe fouftraire à un gouvernement tyrannique & à la fuperftition,
& pour fe former dans cette nouvelle patrie, un gouvernement à fouhait,
& une Religion exempte de préjugés
& de fuperftition.

Cette opinion eft fondée fur quelques Odes anciennes, femblables à la
premiere que j'ai rapportée au Chap.
IV. & fur quelques autres d'un langage prefque ignoré des Ajaoiens, & qui
reffemble beaucoup à celui des habitans de Piantfoy & de Subatzey, qui
font deux provinces de la grande
Tartarie, vers la mer des Kaïma-
kites.

On peut donc conclurre de ceci, que les premiers Ajaoiens étoient une colonie de gens aſſez ſembla-bles à ceux qu'on nomme aujour-d'hui Eſprits forts, c'eſt-à-dire, des gens ſans autre préjugé que celui de ſe ſoumettre dans toute leur condui-te au dictamen d'une raiſon ſaine, éclairée par une attention continuel-le ſur les devoirs dont la Nature im-prime en nous la néceſſité de la pra-tique, en nous donnant l'être.

Partis de quelque contrée que ce fût, ce qu'ils ont caché à leurs deſ-cendans, peut-être pour de bonnes raiſons, ils ont abordé dans l'Isle qu'ils ont nommé Ajao & dont nous ignorons l'ancien nom. Cette Isle étoit peuplée en partie par un peu-ple aſſez indolent, que les Ajaoiens pourſuivirent juſques dans les mon-tagnes de Kaluſti; ils les obligerent tous à ſe rendre à diſcrétion, hom-mes, femmes & enfans.

Ils les firent tous efclaves, & après en avoir fait la revue, ils trouverent qu'ils étoient en trop grand nombre pour qu'on n'en eût rien à craindre; ainfi ils pafferent au fil de l'épée tous ceux au deffus de 50 ans. Ils conferverent 1000 hommes d'âge fait, environ autant de garçons depuis le plus bas âge, toutes les femmes en âge d'avoir encore des enfans, & les petites filles : & peu de temps après lorfqu'on eut reconnu toute l'Isle, & qu'on en eut fait la divifion en fix qui fubfifte encore aujourd'hui, ils partagerent ces efclaves entre les habitans des fix villes.

Comme ces nouveaux venus n'avoient pas avec eux affez de femmes pour peupler l'Isle en peu de temps, ils épouferent plufieurs de leurs captives au deffous de 24 ans, & en mirent plufieurs de petites filles dans les maifons d'éducation des citoyens, pour leur ôter la connoiffance de leur ef-

clavage; & des citoyens les épouse-
rent ensuite.

. Pour les autres esclaves , on
leur mit une chaîne au cou &
à la jambe. On fit une loi par
laquelle il fut ordonné qu'ils n'ap-
partiendroient en propre à aucun particulier , mais bien à l'Etat ; que
chaque homme esclave ne pourroit
avoir qu'une femme ; qu'aucune esclave ne se marieroit avant l'âge de
trente-deux ans ; & que celle qui auroit
un enfant avant ce temps, seroit con-
damnée à mort avec son enfant (mais
cette loi fut mitigée & l'on changea
la peine de mort en une prison per-
pétuelle) ; qu'aucun esclave, homme
ou femme, ne se marieroit à l'avenir
avec les citoyens ; que des enfans
mâles , qui naîtroient des femmes esclaves dans le cours de 14 lunes ou
d'une année , on ne laisseroit la vie
qu'au double du nombre des mâles
morts l'année précédente, & qu'on

étoufferoit le superflu en naissant ; mais qu'on laisseroit vivre toutes les filles.

Que ce dernier article de la loi ait été contraire à la Nature, c'est ce que je reconnois ; & je ne doute pas qu'en chassant ces anciens habitans de leur patrie, en les réduisant en esclavage, & en portant contre leurs enfans cette loi inhumaine, les anciens Ajaoiens n'aient condamné eux-mêmes ce que la politique les contraignoit de faire. Mais il falloit ne pas laisser trop de force à un peuple qu'on ne vouloit pas détruire, & prévenir en même temps qu'il ne s'augmentât jusqu'au point de pouvoir venger un jour, sous les descendans, l'injure reçue de leurs ancêtres. C'est ce qu'ils ne pouvoient faire que par cette loi, qui, toute inhumaine qu'elle paroît, est aussi douce qu'on pouvoit la faire en pareille circonstance.

Il y a dans chaque quartier de la

ville un Ergaſtule, où les eſclaves du
quartier, hommes & femmes, ſont
renfermés le ſoir une heure après le
ſoleil couché. Ces Ergaſtules ſont
très-ſpacieux & contiennent pluſieurs
petites chambres, où il y a quatre
lits, & où ces eſclaves ſont aſſez
à leur aiſe. Leurs habits ſont faits
comme ceux de leurs maîtres, mais
la couleur en eſt différente ; & même les eſclaves de chaque quartier
ſont habillés de différente couleur.
Il eſt défendu aux eſclaves d'un
quartier, d'avoir commerce avec ceux
d'un autre quartier, & chaque citoyen qui s'en apperçoit eſt en droit
de leur donner la baſtonnade ſur le
champ. Ils ne portent plus la chaîne
au cou, on la leur attache à préſent,
pour plus de commodité, au deſſous
du genou gauche & au deſſus du cou-
de droit, paſſant par derriere les reins.

Enfin il y a des hôpitaux à la
campagne où l'on éleve leurs enfans,

fans, comme ceux des citoyens font élevés dans la ville : celui des garçons eft dans un village, & celui des filles dans un autre ; & auffitôt qu'ils font en âge de rendre quelque fervice, on les met chez les citoyens de la campagne qui en ont befoin, de chez qui on les tire pour les faire paffer à la ville felon le befoin. Enfin on a aboli la loi d'étouffement, & je dirai ci-après ce qu'on fait des garçons efclaves lorfqu'on voit qu'il y en a trop dans l'Isle. Toutes ces chofes font du reffort du Comité de la guerre.

Toutes ces circonftances de l'invafion de l'Isle & du malheur de fes habitans, paffent de pere en fils dans des efpeces de petits poëmes, que ces efclaves ont un grand foin de faire apprendre à leurs enfans dans leur langue originale, malgré les défenfes expreffes des Ajaoiens, qui font tout ce qu'ils peuvent pour faire oublier

G

à ces infortunés quel a été le fort
de leurs peres.

Quoique les Ajaoiens féparés, pour
ainfi dire, par la fituation de leur Isle, du refte des hommes, femblent
n'avoir point à craindre qu'on vienne
troubler leur repos, cependant ils
ont toujours fur pied une milice qui
n'a pas fa pareille dans notre Europe.
Comme d'un côté ils n'ignorent point
l'avidité des Européens à s'emparer
du bien d'autrui, & que de l'autre,
l'expérience les perfuade que d'autres
peuvent trouver le chemin de leur
Isle comme ils l'ont trouvé, c'eft-à-
dire, par hafard, ce qui m'eft arrivé
à moi - même & à quelques autres ; ils
ont cru qu'il étoit de la prudence &
du bien de l'Etat d'être toujours en
état de repouffer la force par la force : ce qu'ils peuvent faire avec d'autant plus de facilité, qu'il n'y a vers
l'Occident que les deux plages de
Jaroi & d'Ajao qui foient acceffibles.

Mais quand ces raifons ne fubfifte-
roient pas, il feroit de leur prudence d'être toujours en garde, même
contre les anciens habitans, leurs
efclaves.

Cette milice n'eft compofée que
d'hommes mariés, depuis 22 ans jufqu'à 50, & elle comprend tous les
citoyens, qui font divifés par compagnies, dans chaque village & dans
chaque quartier de la ville, & par
brigades de chaque diftrict. Les
compagnies s'affemblent une fois
toutes les lunes, & les Minchiskoa
qui en font les capitaines en font
la revue & les exercent: & tous les
ans, c'eft-à-dire, à la fin de la qua-
torzieme lune, toutes les compagnies
s'affemblent dans une efpece de
champ de Mars, qui eft proche de
chaque ville, où elles campent deux
jours ; & le troifieme les Minchiskoa-Adoë les conduifent proche du
lac Fu dans la province de Lamo,

où les Adoë-Rezi fe rendent pour
faire la revue générale de tous les
citoyens de l'Isle, qui célebrent enfuite certains jeux militaires, pour
lefquels il y a des prix d'honneur. Ces
fêtes durent fept jours, après lefquels
chaque nouveau Magiftrat entre dans
la charge à laquelle il a été nommé
avant de partir de la ville ou du
village; & avant que cette armée fe
fépare on expofe aux yeux du public
ceux qui, par quelque condamna-
tion, ont mérité l'infamie.

Pendant ce voyage tous les efclaves
hommes fuivent le camp pour porter
les vivres & les tentes, qui font de
couleur rougeâtre & d'une efpece de
toile de coton cirée ; & les femmes
qui font demeurées à la maifon, la
nettoyent pendant l'abfence de leurs
maris.

Quoique j'aie dit dans la defcription d'Ajao, que cette Isle fembloit
éloignée de tous côtés de l'un & de

l'autre continent, cependant les habitans femblent craindre les armes d'une Nation qui eft à leur Orient, & avec laquelle il y a apparence qu'ils ont déja eu quelque guerre, autant que j'ai pu m'en informer. Je n'ai pu découvrir quelle eft cette Nation, à moins que ce ne foient les Californiens Septentrionaux, ou les Américains qui habitent au-deffus du Mexique & chez qui on n'a pas encore pénétré. Quoi qu'il en foit, les Ajaoiens fe tiennent fort fur leurs gardes contre cette Nation: ils ne la cherchent pas, mais fi elle venoit les attaquer, ils font toujours en état de la bien recevoir, & de l'éloigner de leurs côtes, auffi bien que tous les autres ennemis.

C'eft ici le lieu d'expliquer en paffant, par quelle avanture nous trouvâmes dans l'Isle des gens qui parloient Hollandois. Les Ajaoiens étant une colonie fortie de notre continent, il ne faut pas demander s'ils favent qu'ils ne font pas les feuls habitans de l'univers, comme le croient les habitans d'une certaine isle de la mer pacifique, découverte de notre temps; outre qu'avant nous ils avoient déja vu plufieurs vaiffeaux fe brifer fur les écueils qui environnent leur Isle. Les anciens Ajaoiens favoient combien on doit fe tenir en garde contre l'engeance humaine, & qu'ils pourroient fe voir un jour expofés au même traitement qu'ils avoient fait fouffrir aux originaires de leur Isle. Pour prévenir toute furprife, ils ont foin d'envoyer de temps en temps quelques-uns des plus prudens de leurs citoyens dans les Etats voifins, fur-tout en Tartarie, à la Chine & au Japon. Ces envoyés, ou plutôt ces efpions, ont un grand foin d'examiner fur-tout fi on ne parle pas de leur Isle & ce qu'on en pourroit dire ; & ils ont un ordre exprès de s'appliquer fur toutes chofes à découvrir les pratiques de ceux qu'ils foupçonneroient avoir quelque deffein fur leur patrie.

Comme ces efpions ont connu dans leurs différentes courfes, l'avidité des François, des Portugais, des Espagnols & des Hollandois, à découvrir de nouveaux pays, pour s'en rendre maîtres fans aucun droit, le comité pour la guerre, &c. en a envoyés avec ordre de pénétrer jufqu'à Goa, à Madagafcar, à Batavia, afin d'y veiller aux intérêts de leur patrie. C'eft dans ces principales villes de l'Afie Orientale, qu'ils apprennent toutes les langues de notre Europe & de l'Afie.

Il y a toujours 12 vaiffeaux dans le port d'Ajao & dans celui de Jaroi, qu'on entretient avec beaucoup de foin, tant pour être toujours en état de défendre l'Isle au dehors, que pour tranfporter ces envoyés felon la néceſſité, fur les côtes de la Chîne, d'où ils paſſent dans les autres pays à la faveur de l'habit & du langage Chinois, qui eſt le premier qu'ils apprennent après être fortis de leur pays. C'eſt par ces envoyés que les Ajaoiens ont une connoiſſance par-faite de ce qui fe paſſe dans l'Europe & dans l'Aſie, qu'ils favent les guer-res qui s'y font, les révolutions qui y arrivent, & les mœurs de prefque toutes les Nations; c'eſt ce dont on tient des regiſtres exacts, qu'on a foin de faire lire aux jeunes gens dans les maiſons d'éducation. Mais ces envoyés, quelque refpeſt qu'on ait pour eux, quand ils font de retour dans leur patrie, ne parviennent à au-cune charge, parce qu'on craint avec raiſon, qu'ayant eu tant de mauvais exemples dans leurs voyages, ils ne viennent les pratiquer au péril de la liberté de leurs concitoyens.

Les vaisseaux qui conduisent ces espions sur les côtes de l'Asie, transportent en même temps tous les jeunes garçons esclaves que le comité de la guerre juge être de trop dans l'Isle. On les débarque sur la premiere côte où on croit le pouvoir faire sans être vu, & on les abandonne à leur bonne ou mauvaise destinée. Ce traitement a paru plus doux que de les étouffer en naissant. Ceux qui sont destinés à être ainsi exposés, sont élevés de telle maniere qu'ils ignorent s'il y a d'autres hommes sur la terre qu'eux; & ils n'ont pas plus de douze ans lorsqu'on en fait le transport, de sorte qu'ils ne peuvent instruire les peuples, chez qui ils abordent, ni de leur patrie, ni de son gouvernement.

G 5

Le comité de la guerre a soin que les Minchiskoa-Adoë de chaque ville, entretiennent un certain nombre de gardes-côtes, qui font sentinelle jour & nuit au haut de grandes tours bâties sur le bord de la mer, pour découvrir s'il ne vient pas de flotte troubler la tranquillité de cet heureux Etat. Ce sont ces sentinelles qui nous avoient découvert; & aussi-tôt toute la brigade du district d'Ajao avoit pris les armes, & une partie s'étoit rendue sur la côte. L'allarme étoit même déja répandue par toute l'Isle, ce qui n'empêcha pas qu'on ne nous reçût avec beaucoup d'humanité, parce qu'on vit bien que nous ne venions point pour faire du mal. Mais à la vérité bien nous en prit d'avoir été séparés de nos vaisseaux de guerre, car s'ils se fussent approchés, nous n'eussions pu nous disculper, & nous serions tom-

bés dans un malheureux esclavage:
ce qui étoit arrivé à cent Japonnois
découvreurs de terres inconnues ;
comme ils n'eurent pas l'adreffe de
fe tirer d'affaire comme nous, ils
payerent de leur liberté l'avidité de
découvrir.

On pourroit, avec raifon, demander ce que font les Ajaoiens de ce
tréfor, dont j'ai déja dit quelque chofe, en parlant de la forterefse & du
lac de Fu. Il faut fatisfaire à cette
jufte curiofité. Premiérement, ce
tréfor contient des fommes immenfes
d'or & d'argent, monnoyées au poin-
çon & aux armes de la Chine & du
Japon ; & il n'y a pas d'année qu'on
ne batte dix mille livres pefant d'or,
tiré pour le public de la mine de
Kei. On donne de cet or à ceux
qu'on envoie épier chez les peuples
voifins. Mais le principal ufage
pour lequel on conferve ces tréfors,

c'eft pour en acheter le fecours des Chinois ou des Japonnois, au cas que l'un ou l'autre de ces deux nations, ou quelqu'autre, fit des entreprifes fur l'Isle d'Ajao ; ces peuples n'ignorant pas la jaloufie qui regne entre les peuples voifins, & quels refforts l'or eft capable de faire agir, ils mettent ces deux moyens à profit pour la confervation de leur liberté.

Ce tréfor eft dans une forterèffe bâtie par la Nature fur le cime d'une montagne, au milieu du vafte lac que forme le confluent des trois rivieres. Si on le renferme dans cet endroit, ce n'eft pas qu'on craigne que les particuliers en aillent voler ; quand bien même on le laifferoit dans la place publique, il y feroit en fûreté, puifqu'ils en peuvent tirer de la mine autant qu'ils en veulent. C'eft, afin que les ennemis, fi l'on venoit à en avoir, ne puffent s'en

emparer, & de peur que les efclaves ne s'en emparaffent, pour en
faire contre l'Etat l'ufage auquel
il eft deftiné pour le bien du même
Etat.

CHAPITRE IX.

Du Mariage, & de la Naissance des Enfans.

J'AI déja dit qu'il est ordonné, sous peine d'infamie, à tout jeune homme qui a atteint l'âge de vingt ans, de se marier. On n'a jamais vu enfreindre cette loi. Car tous les empêchemens qui pourroient naître parmi nous, sont inconnus aux Ajaoiens ; on ne voit chez eux ni langoureux, ni mutilés, ni *refrigidis & maleficiatis.*

L'éducation, & le choix des alimens qu'on donne aux jeunes gens, obvient à ces inconvéniens. Rarement y trouve-t-on des filles qui ne soient nubiles avant 16 ans ; mais elles ne peuvent se marier avant 18 accomplis. Ainsi lorsqu'un jeune homme a atteint sa 20e année, il jet-

te les yeux fur celles avec lefquel-
les il veut paffer le refte de fes jours.
Ce choix fe fait ordinairement dans
des jours de divertiffement, au re-
nouvellement de toutes les lunes ;
alors tous les jeunes garçons & filles vont fe promener dans un même
endroit, avec leurs gouverneurs &
gouvernantes. C'eft-là que ces no-
vices en amour commencent à pouf-
fer les premiers foupirs ; & lorfqu'un adorateur s'y eft déclaré à
une belle, il eft en droit, fi fa dé-
claration a été acceptée, d'aller dans
fes heures de loifir rendre fes refpects
à fa maîtreffe, dans le Minkare-
zi des filles, où il y a des chambres
de vifite affez femblables aux par-
loirs des Religieufes de Flandre,
excepté la grille. Là, un pudique
Cupidon prend plaifir à décocher toutes fes fleches dans ces jeunes &
tendres cœurs. Affez ordinairement
le garçon voit dans ces chambres fes

deux maîtresses en même temps ;
afin de les accoutumer de bonne
heure à vivre bien ensemble avec
lui. Car, comme j'ai dit, chaque A-
jaoien doit avoir deux femmes ; loi
qui a été sagement établie pour rendre le ménage moins desagréable
aux citoyens , en ce que ces deux
femmes, disputant de complaisance,
pour conserver l'amour du mari, elles évitent de lui donner ces chagrins
qui sont si ordinaires dans les pays
où une seule femme est souvent plus
maîtresse dans la maison que le pau-
vre mari, dont la vie est un tissu de
chagrin, ou, pour mieux dire, un vrai
enfer.

Huit jours avant qu'un jeune homme veuille se marier, il le déclare
aux supérieurs de la maison d'éducation, qui le conduisent devant les
Minchiskoa, qui font venir le pere
& la mere de la fille, s'ils font en
vie, ou l'un des deux, ou à leur
dé-

défaut le Minchift de leur maifon ;
& le jeune homme leur dit en préfence des Minchiskoa : ,, La Na-
,, ture m'ayant confervé jufqu'à un
,, âge où je peux donner des ci-
,, toyens à l'Etat, j'ai choifi votre
,, fille N.... pour l'une de mes
,, compagnes, fous votre bon plai-
,, fir, fi elle eft fans défauts cor-
,, porels qui pourroient óccafionner
,, que l'Etat auroit des citoyens
,, malfaits."

Le pere, s'il confent, prend de
fa main gauche la droite de fa fille,
& de fa droite la droite du jeune
homme, & lui répond : ,, Puifque
,, vos cœurs font d'accord, nous
,, vous uniffons : que la Nature
,, vous faffe pere d'une nombreufe
,, famille." Auffitôt la mere emme-
ne fa fille, qui dès ce moment fort
de la maifon d'éducation pour n'y
plus rentrer. Elle lui met fous fa
robe de deffus une efpece de chemi-

H

fe d'une toile plus claire que la gaze. Quand elle eft en préfence de fon amant, les Minchiskoa fe retirent un moment avec le pere, & la mere ôtant à fa fille la robe de deffus, laiffe voir à fon gendre futur à travers la gaze, toutes les beautés que la Nature a mifes fur le corps de fa fille. La cérémonie pour l'autre fe fait ordinairement le même jour, afin qu'elles ne difputent point d'ancienneté.

Huit jours après le jeune homme fort de la maifon d'éducation, après avoir reçu des Minchiskoa-Adoë un billet, qui lui affigne fa demeure à la campagne, & il vient dans la maifon où il eft né où on lui donne une chambre : les peres de fes maîtreffes les lui amenent, accompagnés des Minchifts de leur maifon. Cette cérémonie fe fait après le coucher du foleil ; & le jeune homme fe couche entre les deux femmes en préfence de ceux qui les ont amenées, qui ferment la porte de la chambre, & s'en vont enrégiftrer ce mariage. Le lendemain le nouveau marié part pour la campagne où il va former fon nouveau ménage.

Lorfqu'une femme fent le moment qu'elle doit accoucher, elle envoye chercher deux femmes du Mins où elle demeure, pour l'affifter & pour fervir de témoins. Auffitôt qu'elle eft délivrée, les deux affiftantes font entrer fon mari dans la cham- bre, & fi c'eft un garçon dont fa femme a été délivrée, elles le lui préfentent, après qu'il a été lavé d'eau tiede, en lui difant: ,, Voici ,, un citoyen dont la Nature a favo- ,, rifé votre femme; réjouiffez-vous- ,, en & l'élevez pour la Républi- ,, que." Si c'eft une fille, elles la lui montrent feulement du doigt, en difant : ,, Voilà celle dont vous ,, êtes pere."

H 2

Les meres font toujours nourrices de leurs enfans, à moins qu'il n'y eût quelque empêchement, auquel cas les femmes des Mins qui peuvent fervir de nourrices s'en chargent volontiers. On n'allaite les garçons que huit mois, & les filles dix; parce qu'on travaille à former aux premiers, dès leur plus tendre enfance, une nature robufte & propre au travail ; au lieu que les filles n'étant deftinées qu'aux ouvrages du ménage, on peut les élever un peu plus délicatement. Je paffe à l'article qui met fin à tout.

CHAPITRE X.

De la Mort & des Funérailles.

L'ISLE d'Ajao faifant partie du globe du monde, il ne faut pas s'étonner fi les dérangemens élémentaires y caufent les mêmes maux que dans d'autres pays. Cependant j'ai remarqué pendant les cinq ans que j'y ai demeuré, qu'ils ne connoiffent guere d'autres maladies que la fievre, dont ils pourroient fouvent fe délivrer aux dépens de quelques faignées, fi l'ufage en étoit établi. Mais ils n'ont recours qu'à la diete dans toutes leurs maladies, & ils laiffent faire le refte à la Nature, qui ne manque pas de conferver fon ouvrage ; deforte que ces heureux mortels obfervant depuis leur enfance un grand régime de vie, & ne donnant dans aucune de nos délicateffes de

H 3

goût, ils ne meurent guere avant l'âge de 80 ou 90 ans.

Lorſqu' un vieillard de cet âge tombe malade, on n'eſpere pas qu'il en releve ; ainſi ceux de ſes parens qui ſont à portée ſe rendent auprès de ſon lit pour écouter ſes dernieres paroles. Ils lui font des queſtions ſur les choſes les plus remarquables qu'il a vues pendant ſa vie ; & ils demandent ſes avis ſur les défauts qu'il auroit pu remarquer dans la ſociété. Ordinairement chaque vieillard prépare un petit diſcours pour ce dernier moment, où il récapitule toute ſa vie en peu de mots ; & exhorte ſes proches au maintien de la liberté dont il a jouï, & à la tranſporter à la poſtérité, comme il a contribué à la faire paſſer juſqu'à eux. Quand il ſent ſa derniere heure approcher, on en avertit un Minchiskoa, auquel il dit : ,, Je ſuis né ,, un tel jour, dans un tel endroit,

„ Je retourne dans le fein de la
„ Nature dont je fuis forti. Je
„ rends graces à la patrie des biens
„ dont elle m'a comblé, & de la
„ tranquillité avec laquelle j'ai paffé
„ mes jours fous fa protection. Je
„ lui laiffe des citoyens de mon
„ fang, qui ne fe rendront dignes
„ d'être fes enfans, qu'en faifant
„ pour elle ce que j'ai fait moi-mê-
„ me : s'ils le font je les lui ré-
„ commande de tout mon cœur."

Après ce reconnoiffant adieu, ils
attendent la mort tranquillement ; &
ils regardent leur prochaine annihila-
tion d'un vifage plus férein, qu'un
fuperftitieux & fanatique n'afpire
après les frivoles délices de fon prétendu paradis.

Auffitôt qu'ils font expirés on en
donne avis au Magiftrat, qui fait
dreffer un bucher dans un endroit
hors de la ville ou du village, deftiné aux funérailles: on y porte le ca-

davre après le foleil couché, revêtu de fes habits ordinaires. Ce font tous les Minchs de la maifon qui en font la cérémonie. Le Minchift met le feu au bucher (6); & auffitôt que le tout eft réduit en cendres, on les jette avec celles du bucher dans une foffe, qu'on fait dans le même endroit.

On n'entend à ce dernier moment & dans ces derniers devoirs, ni pleurs, ni gémiffemens, ni cris des parens allarmés de la perte qu'ils font. Soumis à la Nature, ils refpectent fes loix & reçoivent fes ordres avec foumiffion. En effet ces cris, ces pleurs, font chez nous moins un effet de la Nature qui fouffre de cette féparation (comme on dit), que de l'intérêt. Et pour preuve, c'eft qu'on voit rarement cette Nature

_____

(6) Sur lequel le cadavre eft dans un cercueil de fer, dont le deffous eft en manière de grillage.

fouffrir à la mort de quelques parens dont la perte ne nous caufe aucun dommage, ou dont nous efpérons une riche fucceffion. L'Ajaoien n'a d'autres parens que la patrie : c'eft d'elle qu'il tient tout ce qu'il a. Il regarde tous les hommes comme des êtres auxquels la Nature l'a uni pour un temps ; quand elle trouve à propos de les retirer, pourquoi cenfurer par des plaintes aigres la conduite de cette bonne mere ?

Les derniers honneurs qu'on rend aux femmes & aux jeunes gens, font précifément les mêmes qu'on rend aux hommes, mais elles font exemptes du difcours & de l'adieu.

CHAPITRE XI.

Suite de l'histoire du séjour de l'Au-
teur & de ses Compagnons dans
l'Isle d'Ajao.

IL me reste à informer le lecteur de
ce qui m'arriva & à mes compagnons, dans cette heureuse République, & de quelle maniere j'ai pu
sortir de cette Isle. Mes compagnons n'eurent pas été deux mois dans
l'Isle, qu'ils témoignerent être fort
contens des mœurs & de la maniere
de vivre des Ajaoiens. Il y en eut
quelques-uns à qui la Religion fit
naître quelques scrupules, mais ils
suivirent le grand nombre dans la
suite; & nous demandâmes au Souverain Magistrat ce qu'on vouloit
faire de nous; nous ajoutâmes que
nous avions honte de manger plus

longtemps le pain que nous ne ga-
gnions pas & que nous le fupplions
de nous employer. On tint un confeil fur cette affaire. J'y fus introduit, & on me demanda fi nous
voulions renoncer pour toujours à
notre patrie, & fi nous voulions être
reçus citoyens d'Ajao ? Chacun y
confentit de bon cœur. Ainfi nous
fûmes auffitôt naturalifés ; & comme
nous n'avions perfonne parmi nous
qui n'eût fes vingt ans accomplis,
on nous propofa que nous priffions
des femmes du pays. Il n'y eut perfonne qui refufât cette propofition.
Ainfi on nous partagea en 4 ban-
des : une fut envoyée à Lamo,
l'autre à Peridi, la troifieme à Dorao, & la quatrieme à Jaroi. Là,
les Minchiskoa-Adoë nous mene-
rent par ordre des Adoë-Rezi, dans
la maifon d'éducation des jeunes efclaves de chaque ville, où chacun

se choisit deux femmes, qui par ce choix devinrent libres.

Les cérémonies des épousailles faites, on dispersa chaque bande dans les villages du district de la ville où elle avoit été adressée; & nos Européens se sont si bien fait aux coutumes du pays, qu'on avoit bien de la peine à les distinguer des naturels lorsque j'en partis. Plusieurs avoient des enfans, & ils vivoient très bien avec leurs épouses & avec les autres Minchs des maisons où ils demeuroient. Mais il y avoit apparence qu'on ne les appelleroit jamais à la ville & encore moins aux charges de confiance.

Quant à moi, j'avois lié une étroite connoissance avec Pu-ki, Adoë-Rezi pour la ville d'Ajao, & frere de notre interprete : & comme je n'étois pas d'humeur à me distinguer de mes camarades sur le fait de l'hymen, je jugeai qu'il falloit commencer par choifir le lieu où je m'établirois, & je témoignai à mon ami que je ferois bien aife de fixer mon féjour à Ajaô même. Auffi prompt à me fervir que fi j'en euffe été connu depuis vingt ans, il m'en obtint dès le lendemain la permiffion des Minchiskoa-Adoë ; & en me l'apportant il me dit agréablement : „ Cet ordre du Magiftrat vous „ naturalife ; il ne vous manque „ plus que deux Ajaoiennes, & „ nous ferons fûrs alors de vous „ poff éder pour toujours. J'ai deux „ filles dans la maifon d'éducation, „ fi vous les trouvez dignes de vo- „ tre choix, rien me fera plus de „ plaifir que de contribuer en quel- „ que chofe à vous attacher à notre „ patrie : l'une s'appelle Perciki & „ l'autre Fareki, & elles font toutes „ deux en âge d'être mariées ; vous „ pouvez les voir au premier

„ Jai (7)." Comment aurois-je refu-
fé un ordre fi agréable ? Je vis les
aimables filles de Pu-ki, & huit jours
après elles furent mes femmes.

Je me vis auffitôt citoyen de la
capitale, fans defefpérer d'avoir un
jour part au gouvernement. En effet étant devenu pere de deux garçons, qui naquirent prefque en même
temps, l'un que l'autre, avant la
fin de l'année de mon mariage, je
fus élu l'un des Minchifts de la maifon où je logeois, l'année fuivante.
On me voyoit attaché à la patrie par
des liens fi doux & fi forts, qu'il n'y
avoit gueres apparence que je vou-
luffe les rompre ; auffi n'en ai-je jamais eu la penfée, & je la regarde
comme mon unique patrie.

Tout plein du bonheur de mon
établiffement & de mon élévation, je
m'abandonnois cependant à mille ré-

(7) C'eft le premier jour de chaque quartier de la lune.

flexions qui inquiétoient de temps en
temps ma confcience ; quoique je
fuſſe obligé de reconnoître qu'il
n'y avoit peut.être pas fous les cieux
de Nation dont les mœurs fuſſent
plus pures , le gouvernement plus
équitable , les loix plus juſtes & la
tranquillité plus parfaite. Cependant
cet oubli du Dieu dont mes parens
& mon miniſtre m'avoient donné l'i-
dée, dans lequel je voyois ces peuples
plongés , me chagrinoit infiniment ;
& j'auroia bien voulu devenir l'apô-
tre d'Ajan. Je communiquai mes
penſées fur cela à mon beau-pere,
qui fe moqua d'abord de moi, mais
enfuite je l'amenai à mon but. La
difficulté étoit de trouver le moyen
d'exécuter mon projet. Après y
avoir bien penſé , je n'en trouvai
pas de meilleur que de faire un diſcours fur l'exiſtence du Dieu des
Chrétiens , en préſence de tous les

Ajaoïens, lorfqu'à la 14ᵉ. lune (8) ils feroient tous affemblés proche du lac de Fu. Mon beau-pere approuva ce deffein. Son frere, notre interprete, qui m'avoit appris la langue Ajaoienne, m'aida à polir mon difcours, que je communiquai à mon beau-pere, environ deux lunes avant le temps de l'affemblée. H m'exhorta à exécuter un fi beau projet avec fermeté, & me promit de faire enforte que le Souverain Magiftrat dont il étoit membre, m'accordât la permiffion de parler de mon Dieu à leur peuple. Il l'obtint en effet ; & voici comment je les haranguai.

(8) Comme il eft dit dans le Chapitre VIII.

C H A-

CHAPITRE XII.

Discours sur l'existence de Dieu, pro-
noncé en 1679, à l'Assemblée Gé-
nérale des peuples d'Ajao,
proche du lac de Fu.

„ AJAOIENS, chers Compatrio-
„ tes, les bienfaits dont votre
„ Etat toujours heureux a comblé
„ des mortels, que la mort environ-
„ noit de tous côtés, si vous ne
„ les aviez humainement secourus,
„ font si profondement gravés dans
„ notre mémoire, que nous ne sau-
„ rions trouver des termes assez
„ forts pour vous exprimer notre
„ reconnoissance: puisqu'elle est éga-
„ le au bienfait, il faut qu'elle soit
„ sans bornes. Nous ne pouvons
„ vous la témoigner plus ouverte-
„ ment & avec plus d'éclat, que
„ dans cette Assemblée de toute

I

,, votre puiffante Nation, à laquel-
,, le vous avez bien voulu nous
,, agréger, & au bonheur de laquelle
,, vous nous avez mis en droit d'a-
,, voir part, en nous recevant ci-
,, toyens de vos villes. Mais ne
,, nous en tenant pas aux paroles,
,, nous ferons voir par des faits,
,, par notre foumiffion à vos juftes
,, loix, par notre application à l'a-
,, griculture, par notre attention à
,, la premiere éducation de nos en-
,, fans, que nous ne fommes pas des
,, ingrats ; & qu'ayant oublié tous
,, les vices de notre ancienne patrie,
,, nous fommes devenus de vrais A-
,, jaoiens, c'eft-à-dire, des hommes
,, foumis au bon fens & à la raifon,
,, & qui n'aiment rien tant que de
,, voir triompher la vertu.

,, En mon particulier, Ajaoiens,
,, vous avez eu tant d'égards au rang
,, que je tenois parmi les miens,
,, que je n'oublierai rien pour re-

„ connoître les faveurs diftinguées
„ dont vous m'avez honoré, non
„ feulement en me traitant avec tant
„ d'égards depuis notre naufrage,
„ mais auffi en me recevant citoyen
„ de votre ville capitale, où on
„ m'a déja honoré d'une dignité qui
„ eft le premier degré pour monter
„ aux premieres charges de l'État.
„ C'eft cet ardent defir de vous té-
„ moigner ma reconnoiffance, qui
„ me donne la hardieffe de parler
„ aujourd'hui devant tout un peu-
„ ple, le plus fage, le plus jufte,
„ le plus puiffant, le plus éclairé,
„ le plus vertueux, le plus heureux
„ qui foit fous le ciel.

„ Mais je ne bornerai pas ma re-
„ connoiffance à de vaines paroles,
„ que le vent qui fouffle dans cette
„ plaine, emporte avec lui. Je
„ veux contribuer, Ajaoiens, à vous
„ rendre encore mille fois plus heu-
„ reux que vous n'êtes, en vous

,, apprenant la feule chofe qui man-
,, que à votre bonheur. Ces paro-
,, les vous étonnent ; c'eft avec rai-
,, fon : mais prêtez-moi une favora-
,, ble attention, & je ne doute pas
,, que vous ne fortiez de cet éton-
,, nement , pour admirer comment
,, il fe peut faire que vous ayiez fi
,, longtemps ignoré la grande vérité
,, que je vais vous apprendre.

,, Vous regardez, heureux peuple,
,, la terre, ou, pour mieux, dire tou-
,, te la Nature, comme votre bonne
,, mere ; vous croyez que tous les
,, êtres tirent de cette Nature, la
,, vie, le mouvement & l'être. Vous
,, n'êtes pas les prémiers, ni les feuls
,, peuples qui aient eu cette croyan-
,, ce ; mais vous êtes les feuls qui
,, l'ayez confervée jufqu'aujourd'hui.
,, La raifon, cette regle abfolue de
,, toutes vos actions , en a diffuadé
,, tous les autres, & ils ont tous re-
,, connu qu'il y a un autre Etre dont

„ la Nature elle-même tire son exi-
„ stence. Cet Etre est le Dieu de
„ ma patrie, qui est adoré dans tou-
„ te l'Asie, dans la meilleure par-
„ tie de l'Afrique, & dans quelques
„ terres de l'Amérique. C'est ce
„ Dieu que je veux aujourd'hui
„ vous faire connoître ; & pour
„ cela je me bornerai à vous
„ prouver que la Nature n'est pas
„ éternelle, qu'elle ne s'est pas fai-
„ te elle-même ou au hasard ; & par
„ conséquent qu'il y a un Etre qui
„ ne tient l'existence de personne,
„ un Etre qui l'a donnée à toutes
„ choses : cet Etre est ce que je
„ nomme le seul Dieu.

„ Que la Nature ne soit pas éter-
„ nelle, c'est ce qu'elle déclare el-
„ le-même par mille caracteres de sa
„ nouveauté, qu'elle nous montre,
„ parce qu'elle ne peut nous les ca-
„ cher. Pour en être convaincu, il
„ ne faut que la considérer avec

I 3

,, quelque attention, & s'informer
,, des peuples les plus anciens de
,, l'antiquité de leur origine.

,, C'eſt un vice commun à toutes
,, les Nations de le diſputer aux au-
,, tres en ancienneté. Cependant, ſi
,, l'on recherche les plus anciens mo-
,, numens de la Nation la plus an-
,, cienne, ſi l'on étudie ſon hiſtoi-
,, re, ſi l'on parcourt ſes annales,
,, on ne pourra remonter plus haut
,, que cinq à ſix mille ans tout au
,, plus. Qu'eſt-ce que ce petit nom-
,, bre d'années par rapport à l'éter-
,, nité?

,, Je n'avance rien qui ne puiſſe
,, être prouvé. Les Chinois, peu-
,, ples de l'Aſie, dont il y a appa-
,, rence que vous êtes ſortis, affec-
,, tent une très-grande antiquité;
,, & cependant ils avouent qu'il n'y
,, a pas plus de 64834 lunes (4631
,, ans) que leur Empire ſubſiſte, de-
,, puis qu'il a été établi par leur

„ grand Empereur Fohi. Les his-
„ ftoires des peuples de notre Euro-
„ pe ne nous rapportent rien de fi
„ ancien à beaucoup près. Il eft
„ vrai que les Egyptiens, le peuple
„ de l'Afrique le plus ancien, vont
„ rechercher leur origine au-delà de
„ 1560000 lunes. C'eft beaucoup :
„ mais y ajouta-t-on encore des mil-
„ lions de lunes, cela ne diminueroit
„ point la force de mon argument,
„ puifqu'on reconnoîtroit toujours
„ un commencement. Cet aveu eft
„ général, & il n'y a pas de Na-
„ tion, pour vaine qu'elle foit, qui
„ ofât fe vanter d'être éternelle. La
„ vôtre même, peuple heureux, ne
„ va pas rechercher fon origine au-
„ delà de 40000 lunes. Voilà, A-
„ jaoiens, toutes les Nations de la
„ terre qui concourent à détruire
„ l'éternité de l'univers, en recon-
„ noiffant la nouveauté de leur ori-
„ gine.

I 4

„ Mais cherchons d'autres té-
„ moins. Si le monde étoit éternel,
„ l'invention des chofes utiles &
„ néceffaires à la vie auroit une é-
„ gale antiquité. Cependant nous
„ voyons que tous les arts , toutes
„ les fciences, toutes les chofes dont
„ les hommes fe fervent, n'ont été
„ inventées que par fucceffion de
„ temps, & font paffées d'un peuple
„ chez un autre ; comme les peu-
„ ples font paffés d'un climat à un
„ autre , d'un coin de la terre dans
„ un autre coin.

„ Semblables à un peuple nouveau,
„ vous n'avez que les chofes qui
„ étoient connues aux premiers hom-
„ mes. Tous les nouveaux peuples
„ ont eu le même fort ; une grande
„ application à l'agriculture & une
„ louable fimplicité en tout. Com-
„ bien d'arts & de fciences ignorez-
„ vous ? La Mufique vous eft in-
„ connue ; la Médecine n'eft pas cul-

„ tivée parmi vous; l'Imprimerie,
„ qui eft un bel art d'écrire en peu
„ de temps les plus gros volumes, &
„ une infinité d'autres arts fembla-
„ bles, ne font jamais entrés dans l'ef-
„ prit de vos habitans. Il en a été
„ de même de tous les peuples nou-
„ veaux : mais peu-à-peu toutes les
„ fciences, tous les arts ont paffé
„ des uns aux autres ; peut-on trou-
„ ver une preuve plus certaine de
„ nouveauté ? Car fi le monde étoit
„ éternel, toutes ces chofes feroient
„ auffi anciennes que lui, ou du
„ moins nous ne pourrions marquer
„ le jour de leur naiffance, ni con-
„ noître leur inventeur.

„ Si je prononçois ce difcours de-
„ vant une affemblée de favans dans
„ la connoiffance de l'hiftoire, je
„ m'étendrois aifément fur chaque
„ fcience & fur chaque art; & en
„ parcourant toutes les Nations de
„ l'Afie & de l'Europe, il me feroit

,, aifé de fixer l'époque de chacune ;
,, mais ce feroit vous accabler d'une
,, vaine érudition : & content de vous
,, avoir propofé ces deux preuves
,, certaines de la nouveauté de l'uni-
,, vers, je ne doute pas que faifant
,, un jufte ufage de votre raifon,
,, vous n'en concluyiez avec moi, que
,, l'univers a fans doute eu un com-
,, mencement.

,, S'il a eu un commencement, qui
,, eft-ce donc qui l'a formé ? Cette
,, queftion fuit naturellement la con-
,, féquence, que nous venons de tirer
,, de ce qui a été prouvé. Elle n'a
,, que deux folutions : ou le monde
,, s'eft formé au hafard, ou quelque
,, Etre l'a formé ; car de dire qu'il
,, s'eft formé lui-même, c'eft une ab-
,, furditité qui ne mérite pas d'être
,, réfutée.

,, Or comme toute la Nature nous
,, a prêché fa nouveauté, de même
,, tout dans la Nature nous dit qu'el-

„ le n'a pas été faite au hafard: mais
„ il faut vous expliquer ce qu'on en-
„ tend par fait au hafard.

„ Suppofons qu'ayant un fac rem-
„ pli de toutes fortes de femences,
„ on le renverfât dans un champ, &
„ que chaque grain de femence fût
„ fe placer avec ceux de fon efpece ;
„ tout le froment fe trouvéroit femé
„ enfemble ; tout le ris enfemble,
„ tout l'avoine enfemble ; & ainfi
„ des autres ; on pourroit dire que
„ cette femaille fe feroit faite au ha-
„ fard. Voilà une comparaifon. Rai-
„ fonnons, & examinons fi l'univers
„ peut avoir été formé de cette ma-
„ niere. Je foutiens la négative, &
„ je ne veux que vous faire jetter
„ les yeux fur la fabrique de toutes
„ les créatures, pour vous faire con-
„ courir avec moi à reconnoître
„ que c'eft la vérité dont je prens
„ le parti.

„ Ce foleil, dont le flambeau tou=

„ jours brillant, nous éclaire avec
„ tant de tempérance & avec un si
„ bel ordre, comment auroit-il été
„ placé à une si juste distance de
„ nous, que s'il étoit un peu plus
„ loin son feu nous feroit inutile,
„ s'il étoit plus proche il nous feroit
„ incommode & même nuisible, si
„ c'étoit au hasard qu'il devoit sa
„ formation & son mouvement si
„ bien réglé ? Souvenez-vous de ce
„ que c'est que le hasard ; & comme
„ les opérations de cette puissance
„ aveugle, ou plutôt de ce rien,
„ sont aussi imaginaires qu'elle-mê.
„ me, concluez que le hasard ne
„ peut en être la cause.

„ Mais jettons les yeux sur quel-
„ que chose de plus sensible : exa-
„ minons-nous nous-mêmes. Toutes
„ ces parties de notre corps si bien
„ proportionnées, & placées avec
„ tant d'ordre dans les endroits où
„ elles doivent servir tout l'individu,

„ fans s'embaraffer l'une l'autre, ces
„ os fi artiftement emboités les uns
„ dans les autres, ces mufcles, ces
„ chairs qui les couvrent, ces nerfs
„ qui en font comme les refforts qui
„ les font mouvoir, ces veines qui
„ portent la vie dans toutes ces par-
„ ties, cette peau enfin qui couvre
„ toutes ces chofes, & qui les dé-
„ fend de tant d'accidens qui y cau-
„ feroient quelque dérangement : font-
„ ce-là des opérations, eft-ce-là l'ou-
„ vrage d'un aveugle hafard qui, fans
„ regle & fans intelligence, auroit
„ formé, compaffé, arrangé toutes
„ ces chofes? Une penfée fi abfurde
„ peut-elle venir dans l'efprit de qui
„ que ce foit? Ce que je dis du fo-
„ leil & de l'homme, on peut le dire
„ des animaux, des plantes, des
„ métaux, en un mot de toutes les
„ parties de la Nature ; d'un arbre,
„ d'une fleur, d'une fimple herbe,
„ où tout eft admirable, tout publie

» la puiffance & fait connoître la
» main de celui qui l'a formé.

» Avouons donc, Ajaoiens, que
» ce hafard étant un être aveugle,
» ou plutôt n'étant rien du tout,
» nous ne pouvons avec raifon lui
» attribuer la formation de la Natu-
» re. Refte donc à reconnoître un
» Etre, formateur de cet univers.
» C'eft ce même Etre que je vous
» annonce, c'eft cet Etre que je
» vous exhorte à reconnoître pour
» l'auteur de votre exiftence. Puif-
» qu'il eft évident par ce qui pré-
» cede, qu'il faut qu'il y ait un
» tel Etre qui a fait toutes chofes,
» il s'enfuit qu'il étoit avant toutes
» chofes, & qu'ayant donné l'exi-
» ftence à tout, il n'a reçu la fien-
» ne de perfonne : car s'il l'avoit
» reçu d'un autre il auroit eu un
» prédéceffeur, ce qui ne peut fub-
» fifter avec ce dont nous fommes
» déja convenus. Concluons donc

„ que cet Etre eft fans commence-
„ ment , qu'il eft éternel. Ses ou-
„ vrages, tout l'univers, nous annon-
„ cent fa toute-puiffance qui eft in-
„ finie , & c'eft par cette toute-
„ puiffance qu'il a formé toutes cho-
„ fes , ou plutôt qu'il les a créées;
„ car s'il les avoit feulement for-
„ mées , il faudroit fuppofer une ma-
„ tiere qui auroit déja exifté , ce qui
„ eft abfurde; mais fa main puiffante
„ a tiré la matiere du néant , & il
„ en a formé tous les êtres qui com-
„ pofent l'univers.

„ De la nature de ces êtres, nous
„ pouvons conclure quelle eft celle
„ de celui qui les a faites; & il n'y
„ a perfonne qui, en admirant l'or-
„ dre & la beauté des créatures, ne
„ reconnoiffe la fouveraine fageffe du
„ Créateur , attribut qui n'eft pas
„ compatible avec la matiere. Or,
„ Ajaoiens , il n'y a perfonne entre
„ vous qui, réfléchiffant fur foi-mê-

» me, ne fente bien que ce n'eft ni fa
» chair, ni fa cervelle, ni fon fang qui
» penfent & qu'il y a au dedans de
» noùs quelque chofe qui y fait cette
» fonction: ce quelque chofe, fages
» Compatriotes, eft ce qu'on nomme
» efprit. Et telle eft la nature de ce
» grand Dieu, c'eft un Efprit, c'eft
» un Etre intelligent, qui ne fait
» rien que par raifon & pour raifon.
» Trouvez-vous rien d'auffi grand
» dans la Nature? Qui de vous ne
» fent pas que pendant que nous
» fommes ici dans la plaine de Fu,
» ce quelque chofe qui penfe au de-
» dans de lui, va dans mille lieux
» en un inftant, où fon corps ne fau-
» roit fe porter qu'avec beaucoup
» de temps: les uns font ici, quant
» à leur corps, & leur efprit eft à
» Jaroi, à Ajao, ou ailleurs. Ceux
» d'entre vous, qui ont paffé la mer
» & qui ont fréquenté les Nations
» qui adorent ce grand Dieu, voya-
gent,

„ gent , à-préſent que j'en parle ,
„ chez ces Nations, & ſe rappellent
„ tout ce qu'ils leur ont vu faire
„ pour adorer cet Etre Souverain.
„ Tel eſt ce grand Dieu : il ſe trou-
„ ve par-tout , en un inſtant ; &
„ comme c'eſt un eſprit beaucoup
„ plus parfait que le nôtre qui eſt
„ renfermé dans la priſon de notre
„ corps , il ſe trouve par-tout en
„ même temps : en un mot, il eſt
„ immenſe & infini; & par cet at-
„ tribut il veille à l'ordre que vous
„ voyez régner dans l'univers , &
„ c'eſt-là ſon adorable Providence.
„ Un tel Etre peut-il être autre que
„ juſte, clément, bienfaiſant, envers
„ les créatures qu'il a lui-même for-
„ mées ? Tous ces glorieux & grands
„ attributs lui doivent attirer nos
„ reſpects , nos adorations , notre
„ amour. Dreſſez-lui des autels ,
„ peuples heureux , c'eſt de lui que
„ vous tenez vos biens, c'eſt de lui

K

„ que vous tenez cette heureufe fim-
„ plicité, cette adroite équité, cette
„ incomparable charité, qui vous
„ rendent agréables à fes yeux! Re-
„ merciez-le pour de fi grands bien-
„ faits, rendez-lui vos hommages ; &
„ affurez-vous, qu'en cultivant les
„ vertus de vos Ayeux, il vous
„ comblera de fes bénédictions, vous
„ défendra de tous vos ennemis, &
„ vous rendra le peuple le plus heu-
„ reux de la terre."

A peine eus-je fini mon difcours,
que je remarquai beaucoup de mouvemens parmi les chefs de l'affemblée, qui fe fépara auffitôt. Chacun fe retira dans fa tente, & j'eus
la fatisfaction, étant chez mon beau-
pere, d'être complimenté par plufieurs Minchiskoa-Adoë, fur l'efprit
defquels j'avois fait quelque impref-
fion. On me dit même que les A.
doë-Rezi devoient s'affembler ex-
traordinairement, l'après-midi, pour

délibérer fur mon difcours ; & que
fans doute ils m'appelleroient pour
avoir des éclairciffemens plus particuliers ; & pour demander mon avis
fur la maniere d'adorer le vrai Dieu,
& d'établir fon culte parmi ce peuple.

J'attendois ce meffage avec impatience, fur-tout quand je fus qu'ils
étoient affemblés ; mais ce fut inuti-
lement. J'appris le foir de mon beau-
pere, qu'après plufieurs délibérations
on alloit prendre une réfolution qui
auroit répondu à mes efpérances ;
lorfque Puki-haï, Adoë-Rezi pour la
ville de Lamo, qui avoit été autre-
fois en Afie, d'où il étoit paffé une
fois en Europe, & où il avoit par-
couru l'Italie, la France, l'Alle-
magne & l'Angleterre, pria fes collegues de ne rien précipiter, & de
permettre qu'il fît à fon tour un difcours pour répondre au mien ; après

quoi ils feroient plus en état de prendre une jufte réfolution.

Mon beau-pere, à qui j'avois communiqué mon difcours, comme je l'ai dit, en avoit gardé une copie à mon infçu, & comme la matiere lui paroiffoit auffi délicate qu'extraordinaire, il l'avoit communiqué à ce Puki-haï qui paffoit pour le *Socrate* de l'Isle ; & c'étoit en faveur de fon vafte génie qu'on avoit enfreint à fon égard, la coutume de ne pas élever aux dignités ceux qui font fortis de l'Isle. Puki-haï fe doutant de l'effet qu'auroit mon difcours fur l'efprit du peuple, naturellement amateur de la nouveauté, en avoit préparé un autre pour refuter le mien. Ses collegues ne purent raifonnablement lui refufer la permiffion de monter le lendemain dans la tribune que j'avois fait faire, & d'où j'avois harangué tout ce peuple ; & il fit **briller la pénétration** de fon jugement, & mit en œuvre les remarques qu'il avoit faites dans fes voyages.

Il eut tout le fuccès qu'il avoit efpéré : il ne renverfa pas mes preuves, mais il perfuada à fes concitoyens la néceffité de vivre comme avoient vécu leurs peres. Chacun lui applaudit, & on lui donna le titre de défenfeur de la vérité. Cela n'empêcha pas que je ne gagnaffe l'eftime de tous les Adoë-Rezi, & même du Puki-haï. Mais le Souverain Magiftrat me pria de ne parler jamais à l'avenir du Dieu que je leur avois annoncé, ni de fon culte, ni en public, ni en particulier. Je le promis, & j'ai exactement tenu ma promeffe.

Mais toujours occupé du defir de procurer quelqu'avantage à ces heureux peuples, je réfolus de leur apprendre plufieurs chofes utiles qu'ils ignorent, comme l'imprimerie, la potterie , le greffage : mais comme je ne favois pas la maniere de les exécuter, je pris la réfolution de repaffer la mer, pour m'en inftruire à fonds. Je communiquai mon deffein à mon beau-pere, & à Puki - haï, qui étoit devenu mon intime ami. Je leur expliquai les avantages que les particuliers en retireroient. Je les priai d'obtenir du Souverain Magiftrat que je puffe repaffer la mer avec les premiers efpions qu'on enverroit en Afie ; & je m'engageai fous les fermens les plus inviolables de me rendre au rendez-vous au temps précis qu'on devroit les reprendre. Ils n'eurent point grande peine à obtenir cette permiffion ; & je fuis parti d'Ajao vers la fin de Juin 1680. Arrivé en Afie, j'aurois pu m'arrêter dans quelque ville de la Chine, ou de l'Inde, & aller même à Batavia , mais un refte d'amour pour ma patrie m'y a attiré. Je n'ai point retrouvé mes compatriotes meilleurs que je les avois laiffés : au contraire, ils m'ont paru doublement corrompus. Peut-être eft-ce parce qu'accoutumé aux mœurs d'Ajao, tout me paroît viçe ailleurs. Quoi qu'il en foit, je me fuis hâté de m'inftruire des chofes dont j'étois venu chercher une parfaite connoiffance ; & dans mes heures de loifir je me fuis amufé à écrire cette courte hiftoire pour fatisfaire la curiofité d'un ami. A-préfent, que j'ai une connoiffance affez complette des chofes qui manquent à mes concitoyens , je parts pour Ajao, & j'efpere d'y rejoindre mes concitoyens , mes femmes, mes enfans, & mes amis ; d'y changer le parchemin en papier , d'y imprimer moi-même & les hymnes & les odes des Ajaoiens; d'y établir des potteries dans le quartier de Peridi ; & d'apprendre à ces heureux laboureurs la maniere de multiplier leurs arbres par les greffes : outre que j'y porte plusieurs sortes de grains qu'ils ne connoissent pas & dont les fruits sont très-sains. Enfin, je vais passer le reste de mes jours loin de la superstition, de l'ambition, de l'avarice & de la médisance ; en un mot, parmi des hommes qui, peut-être, ne descendent pas d'Adam, puisqu'ils ne ressentent point la violence des passions insensées. Et lorsque le mouvement cessant dans mon individu, me mettra au nombre des morts, je m'écrierai avec joie, en finissant ce fâcheux pélérinage : „ *J'ai été, & je* „ *ne serai plus.*"

Fini le 4 de Décembre 1682.

LETTRE

A MADAME

LA MARQUISE DE ***.

LETTRE

la nudité des Sauvages.

MADAME,

JE ne fais comment répondre à la lettre que vous m'avez fait l'honneur du m'écrire, ni comment traiter cette matiere touchant la nudité des Sauvages, fans blesser votre modeftie, fans offenfer votre pudeur : la matiere eft très-délicate ; je m'abftiendrai des ob_fcénités, mais je ne fais fi je pourrai vous garantir des idées obfcenes.

Quoi, me dites-vous, comment, fans rougir de honte, peut-on souffrir la préfence des hommes & des femmes toutes nues ; com-

ment, fans diftraction, peut-on voir
dans les eglifes de pareils objets ;
& comment les miniftres du Sei-
gneur, qui ne peuvent nous fouffrir dans l'eglife fans avoir le
fein couvert & les bras mêmes
enveloppés, peuvent-ils permettre
que ces gens-là entrent dans les
temples, & y montrent à découvert un fein qui dans les jeunes
perfonnes rebondit comme des ag-
neaux dans une prairie, des hommes dont la carnation & l'expref-
fion naturelle des mufcles de leur
corps, annoncent & promettent les
heureux effets d'une vigueur maf-
culine, fans que le beau fexe en
foit ému, & les hommes animés,
fans bleffer la pudeur que nous
poffédons en naiffant & qui nous
eft naturelle ? Vous affurez, Madame, qu'il eft impoffible que cela foit autrement. L'expérience cependant détruit vos raifons, & fait

voir que ce qu'on appelle pudeur, ne doit pas être mis au rang des idées qu'on appelle innées, & qu'elle n'est qu'un effet de l'éducation, de la coutume, & de l'usage.

Si la Nature avoit donné quelques parties réellement honteuses à l'homme, qu'il ne dût les exposer en vue, elle est trop sage pour ne lui avoir pas donné en même temps quelques autres parties, propres pour les couvrir & les dérober aux yeux. Ce n'est que lorsque les enfans ont appris les conséquences de la nudité, & l'idée qu'on se forme de la pudeur, qu'ils commencent à rougir comme leurs parens & leurs maîtres.

Preuve que cette pudeur n'est qu'un effet de l'éducation, c'est que le beau sexe ne rougit pas de voir dans les tableaux des petits enfans qui représentent des amours, chez qui rien n'eft caché ; mais tout le monde fe recrieroit fi par hafard on voyoit ces amours féménifés. L'on fe promene tranquillement dans un parterre rempli de ces belles ftatues toutes nues, qui repréfentent des Faunes, des Athletes, fans en être beaucoup ému & fans en rougir. Un grand Prince ayant fait couvrir celles de fes jardins, avec des pampres, faites de tuf, fit dire à une Dame : *O les belles chofes que nous verrons cet automne, lorfque les feuilles tomberont !*

On regarde avec une efpece d'indignation, une perfonne qui conferve dans fon cabinet des tableaux ou des gravures, qui contiennent des nudités qu'on appelle obfcénités ; & l'on admire un Hercule, une Vénus de Medicis, & autres Divinités de l'Antiquité Payenne, expofées aux yeux du public ;

dans les palais dont les maîtres tiennent le premier rang parmi les miniftres de la Religion. Convenez-en, Madame, il y a là bien des effets de l'éducation, de la coutume, de la prévention. Voici une preuve encore plus forte : vous ne rougiffez pas certainement, Madame, d'expofer aux yeux & à l'admiration du public, votre beau vifage paîtri de rofes, vos beaux yeux, & toutes les graces dont la Nature vous a favorifée, pendant que la plus belle Ottomane, je ne dis pas Sultane du ferail, mais l'époufe d'un fimple Mahométan, croiroit avoir perdu fon honneur, fi un homme, autre que fon mari, avoit vû fon vifage. En montant d'Alexandrie au grand Caire en batteau fur le Nil, j'ai vû fouvent des Egyptiennes, qui venoient y puifer de l'eau, jetter fur leur tête le bas de leur chemife, pour couvrir leur viſage , au riſque d'expoſer à nos yeux ce que vous ſeriez bien fâchée , Madame , de montrer à qui que ce ſoit au monde.

Dans d'autres pays , il n'eſt pas moins honteux aux femmes de montrer leurs pieds , qu'elles eſtropient ſouvent à force de les ſerrer , pour les rendre plus petits. Les Azenagiens , peuples du Sénégal , cachent leur bouche avec plus de ſoin que leurs parties naturelles. Eſt-ce que le viſage , la bouche , les pieds de ces gens-là, ſont des parties honteuſes, qu'on n'oſe montrer ſans bleſſer la pudeur & ſans perdre ſon honneur ? Non, certainement, me direz-vous, à qui on n'a point inſpiré ces ſentimens, & qui croyez, au contraire, qu'il eſt beau & naturel de les montrer, même de les embellir & d'en augmenter les attraits ; & vous vous moquez , avec raiſon , des idées ri-

ridicules de ces peuples. Eux, au contraire, penfent que les idées doivent être innées chez leurs femmes, comme vous croyez qu'il eft naturel de cacher les autres parties de votre beau corps.

Si la pudeur étoit quelque chofe de naturel en nous, Adam & Eve, créés nuds dans le paradis terreftre, auroient d'abord rougi de leur état ; mais point du tout, la honte ne les a pas furpris qu'après leur péché ; & la pudeur que nous regardons comme une vertu, fut comme une punition de leur defobéiffance. Alors ils couvrirent leur nudité avec une feuille de figuier, n'en déplaife à ceux qui, penfant que cette feuille étoit trop petite, fuppléent à fa place la feuille d'un bananier, qui a cinq à fix pieds de long, fur deux de large. Je dis qu'une femblable feuille n'étoit pas néceffaire, elle les auroit indubitablement embaraffés,

L

s'ils l'eussent prise pour la premiere piece de l'harnois d'un cavalier,
comme s'exprime Rabelais, c'est-à-
dire, pour leur servir de braguet-
te : d'ailleurs, ce seroit faire tort
à Eve, que de lui donner une si
large couverture ; & quand même
Adam auroit ressemblé au Dieu de
Lampsaque, cette feuille lui auroit
été à charge. Le *Camisa* des Caraïbes, comme je vous l'ai marqué
ailleurs, Madame, n'est guere plus
grand que la feuille d'un figuier ordinaire ; il cache entiérement leur
nudité : & le chiffon que les hommes portent attaché à leurs reins,
n'a que quatre pouces de largeur ;
tout le reste de leur corps est
nud, & ils n'en ont point de
honte.

Et pourquoi rougiroient-ils ? A-
vant l'invention des arts & métiers, avant la fabrique des toiles,
les hommes n'alloient-ils pas nuds?
Et cet usage d'aller nud a dû du-

rer très-longtemps, puisque dans les
temps héroïques les Hercules, les
Alcides, & les autres héros de la
Grece naissante, n'étoient couverts
que de peaux de lions, ou des autres bêtes féroces qu'ils avoient dé-
truites, & dont ils portoient les
dépouilles & s'en paroient, plutôt
pour leur servir de trophée, que
pour leur tenir lieu d'habillement.
Ces peaux leur couvroient les épaules, mais elles ne pouvoient leur
servir de drapperie pour couvrir
leur nudité : c'est ainsi au moins
qu'on nous les représente. A ce
sujet, Madame, permettez-moi que
je vous raconte un petit trait. Plusieurs Dames & Cavaliers s'arrête-
rent devant la statue d'un Hercule
Antique, & comme ils la considé-
roient & l'admiroient, un des Cavaliers voulut imprudemment leur faire observer un défaut qui étoit un
manque de proportion : „ Hélas! ré-

„ prit une Dame de la troupe, ſi
„ vous étiez comme cet Hercule
„ tout nud, par le froid qu'il fait,
„ peut-être trouveroit-on moins de
„ proportion chez vous."

Ce n'eſt pas les ſeuls Caraïbes
qui vont ainſi nuds ; ce ſont tous
les peuples qu'on trouve dans ce
vaſte continent : les rigueurs des
Zones glaciales, les variétés des
tempérées, les ardeurs de la tor-
ride, n'ont point été capables de
leur faire prendre des habillemens.
A peine les Sauvages du Nord du
Canada ſe couvrent-ils de quelques peaux, lorſque le pays eſt
rempli de neige & de glaces; leur
corps endurci aux intempéries de
l'air, les rend preſque inſenſibles
aux froideurs de l'hiver, & le même corps accoutumé aux grandes
chaleurs, les empêche de reſſentir les traits brûlans des rayons
du ſoleil : car toutes ces plumes,

ces colifichets , dont fe parent les Mexicains & les Péruviens , ne font que des bifarreries qui ne les garantiffent ni du froid, ni du chaud, & qui , laiffant à découvert toutes les parties de leur corps , ne font que gazer celles qu'on appelle naturelles.

Tous les Africains vont également nuds. Les Hottentots du Cap de Bonne Efpérance , ne font couverts que par la craffe & l'ordure affreufe que les boyaux des animaux à-demi - pourris , dont ils ceignent leur corps, y laiffent. Si l'on cherche plus exactement , l'on trouvera grand nombre d'Afiatiques également nuds ; & ce qui eft plus, l'on verra dans les Indes Orientales leurs Brachmanes , leurs Faquirs , & dans l'Empire Ottoman les Derviches , les uns & les autres, efpeces de religieux , qui , parvenus à un point de fainteté prétendue ,

vont impunément nuds en public.
Il s'enfuit de ce que je viens de
dire ; que presque la moitié des
hommes qui font sur la terre, vont
nuds fans rougir de leur nudité ;
donc ; ce que nous appellons pudeur n'eft pas une chofe innée en
nous.

Ces peuples accoutumés de voir
toutes les parties du corps humain
à découvert , ne font pas plus
émus que nous le fommes de voir
le vifage d'une femme ; car quelle
raifon y auroit-il de cacher quelque partie du corps & d'en montrer à découvert d'autres ? Celles,
dira-t-on , que l'on cache, font
les égoûts naturels du corps humain ; qu'on a une jufte honte de
montrer. Mais la bouche, le nez,
les oreilles, ne font-elles pas auffi
mal-propres que ces autres parties ? Ces exhalaifons fouvent in-
fectes ; ces crachats , cette morve,

ne font-elles pas plus dégoûtantes que les liqueurs qui émanent des parties naturelles ?

Il y a ici certainement quelque autre raison. Il semble qu'il ne devroit pas être plus honteux de perpétuer l'espece que de conserver son individu. Le philosophe Cynique paroissoit fondé de dire qu'il plantoit tranquillement un homme en public, tout comme il mangeoit dans les rues lorsqu'il avoit faim. L'action même qui conserve l'espece de l'homme, doit être plus noble, & elle l'est en effet : car quelles fêtes, quelles réjouissances, quelles cérémonies même religieuses, ne fait-on pas lors des nôces ? Et quelqu'un ignore-t-il à quelle fin on se marie ? L'acte qui doit s'en suivre, tout le monde le connôit, en a des idées claires & distinctes ; cependant les loix de l'honneur & de la pudeur défendent de le nommer & de le pratiquer en public ; c'est une chose qu'on a confié au secret, & c'est un crime de violer ce secret ; on ne peut en parler qu'avec des détours, des circonlocutions ; l'on se cache soigneusement pour commettre une action dont on se glorifie des suites ; l'on a honte de procréer en public un enfant, & l'on est tout-brillant, tout glorieux de l'avoir fait ; l'on prononce hardiment les noms de divers crimes, tuer, voler, assassiner, crimes qui détruisent le genre humain ; l'on rougit de prononcer celui qui le conserve, qui le perpétue : quelle est la raison d'une bisarrerie, d'une variété si grande dans les sentimens au sujet de la même action ?

La voici, Madame, à ce que je crois. La pensée d'avouer, ou l'aveu que nous faisons de nos imperfections & de nos foiblesses, cause

ce que nous appellons honte : chacun tâche d'éloigner de foi cet aveu
autant qu'il lui eft poffible ; & quoiqu'il ne dépende pas de nous d'être
beaux & riches, nous rougiffons de
la laideur & de la pauvreté, ou de
quelques infirmités naturelles que
nous avons. Il en eft de même fi
nous n'avons pas les qualités d'efprit qui conviennent à notre état : le
foldat rougit de fa lâcheté, le docteur
de fon ignorance, le marquis de fon
impoliteffe ; mais le payfan n'a nul-
le honte d'être groffier, l'homme
d'eglife de fe garantir de périls de
la guerre, les nobles d'être igno-
rans ; un petit-maître fait gloire
d'être badin & folâtre auprès du
beau fexe, tandis qu'un magiftrat
fe croiroit deshonoré s'il commet-
toit les mêmes actions badines : delà
je conclus que la honte ne con-
fifte qu'en ce qui marque en nous
une diffemblance avec nos égaux,

tant pour le corps que pour l'efprit.

Cela n'aboutit à rien, me direz-vous ; expofer aux yeux du public ce qui nous eft naturel & conforme à tous les hommes, ne doit pas être honteux, puifqu'il n'y a rien en cela qui puiffe mortifier l'amour-propre & le defir intérieur que nous avons de mériter l'eftime des hommes.

Pourquoi fera-t-il honteux de montrer certaines parties de notre corps, tandis que nous faifons gloire d'en expofer à nud les autres ? Ce ne peut être qu'une prévention, une coutume, l'effet de l'éducation, les idées qu'on nous imprime, qui nous font rougir, lorfque nous montrons à découvert le ventre, le fein, les feffes, dans les pays où les habillemens font en ufage ; ces mêmes raifons font également trouver hon-

teux de montrer le visage, la bouche, les pieds, chez les peuples où il est prohibé de les faire
voir.

C'est bien plutôt, me direz-vous,
que les hommes ; chacun dans leurs
cantons, se sont imposés des loix
& ont imposé une punition, un
mépris, aux violateurs de ces loix ;
de sorte qu'il est fâcheux de ne
point s'y conformer. Dans les pays
où les habillemens font ordonnés,
où il est de coutume & de regle de
couvrir le corps, on a honté d'y
paroître nud & de montrer les parties qu'on est convenu de cacher :
bien plus, dans certains pays on
n'y peut paroître en public que dans
les habillemens réglés à chaque état ;
un prêtre, un magistrat rougiroit
de paroître en public avec les habillemens des payfans ou d'un cavalier, un galant homme habillé &
coëffé en femme ; & le moine qui

feroit deshonoré de porter l'épée, & le plumet en France, en Italie, paroît hardiment en état de guerrier en Angleterre, en Hollande. Les Mahométanes Arabesques, Bedouines, feroient regardées comme infâmes dans une ville de Turquie, fi elles y paroiſſoient à viſage découvert, & elles ſont très-honnêtes femmes dans leurs Douars, lorfqu'elles y montrent leur viſage, leurs bras & une partie de leur corps nuds. « La honte ne confiſte donc pas à paroître nud ou habillé, mais à violer les loix, les uſages, les coutumes établies par les loix particulieres de chaque pays : par conféquent les Sauvages & les autres peuples, où la nudité eſt établie, peuvent aller nuds ſans en rougir, ſans en avoir honte, ſans bleſſer la pudeur, puiſqu'ils ne contreviennent à aucune loi & qu'ils ſuivent les coutumes établies.

Cherchons, Madame, quelque autre bonne raifon pour l'établiffement de la pudeur & de la honte qu'on a d'aller nuds. Les hommes dans leurs idées différentes, regardent les uns comme vertu ce que les autres eftiment vice : on n'a point de honte de paroître en public fou chez les Suiffes, chez les Allemands ; on eft deshonoré en Efpagne fi l'on s'enivre : détrouffer les paffans mérite la roue dans un pays, il eft glorieux de revenir chargé des dépouilles des voyageurs chez les Arabes Sarrafins ; ainfi de mille autres actions des hommes. Mais le mariage a paru une chofe très-néceffaire à la fociété chez tous les peuples : aux uns l'unité de femme a été ordonnée ; aux autres la polygamie a été permife, & chez tous l'union des familles a été recherchée. Le détail des avantages de mariage eft trop long à vous expofer: pour en jouir on a cru qu'il falloit le rendre politique & religieux, & par une cérémonie publique permettre honnêtement l'acte qui fuit néceffairement le mariage & le rendre facré; & pour obvier aux abus que cet acte naturel & néceffaire à la propagation, confervation, multiplication de l'efpece humaine, pouvoit entraîner après lui s'il étoit trop fréquent & trop public, l'on a établi par-tout une loi, une convention, que les plaifirs de l'amour ne fe prendroient qu'en fecret.

L'on a vu de Légiflateurs qui, dans l'intention de rendre cet acte plus fructueux, ne permettoient aux jeunes mariés de fe voir qu'en fecret & comme à la dérobée, étant honteux à eux d'être furpris, même en converfation familiere, avec leurs époufes, fondés fur cet axio-

me: *Nous aimons ce qui nous est défendu.*

D'autres peuples ont rendu les
femmes un objet d'exécration dans
le temps de leurs incommodités périodiques ; ils ont voulu qu'elles souil-
lassent alors tout ce qu'elles pourroient toucher. Les cérémonies ré-
ligieuses des Abbés Banier & Mas-
crier, contiennent toutes ces loix à
ce sujet, mais si souvent répétées
& avec tant d'affectation, qu'elles
ennuyent & dégoûtent : même l'on
y trouve un acharnement sur ce sujet contre les femmes qui rebute,
qui fatigue, & même si on le re-
tranchoit de ces sept volumes in
folio, que ces Abbés ont fait imprimer, on réduiroit l'ouvrage à la
moitié, qui seroit sa juste valeur.
Le motif de toutes ces loix contre
l'impureté des femmes, ne peut pro-
céder que d'une idée physique, partant que si on les approche dans ces

temps d'infirmités, on ne peut procréer que des enfans mal-fains ; &
pour éviter toutes ces fâcheufes
fuites, on a fait tout ce qui étoit
poffible pour éloigner les hommes
de leurs femmes, lorfqu'elles font
dans cet état périodique : pour y
mieux réuffir l'on a joint les loix
politiques, celles de l'honnêteté, de
la propreté, aux terribles loix de la
religion, qui, chez tous les peuples, retiennent les hommes dans
leur devoir & les forcent à l'exécu-
tion de la loi.

Les mêmes loix politiques qui
ont voulu que l'acte ne fût ni trop
fréquent, crainte de le rendre in-
fructueux, & mille autres bonnes
raifons ont établi les loix de la pureté, de la bienféance, de l'honnêteté : on a déclaré impudens, luxu-
rieux, impudiques & même infâmes,
ceux qui violeroient ces loix ; il s'en
eft enfuivi une horreur qu'on a im-
pri-

-primé pour ceux qui fe joindroient publiquement & aux yeux de tout le monde. Saint Auguftin même, dans fon livre de la Cité de Dieu (*), croit qu'il eft impoffible de le confommer en public. Voici comme il s'explique : pardonnez moi, Madame, ce Latin eft néceffaire pour prouver ce que je dis; mais comme vous ne l'entendez pas, voici, Madame, la traduction qu'en fait *Michel Montagne* dans fes Effais. (†)

„ C'eft comme je l'eftime d'une
„ opinion tendre , refpectueufe ,
„ qu'un grand religieux Auteur tient
„ cette action fi néceffairement obli-
„ gée à occultation, & la vergogne
„ qu'en la licence des embraffemens
„ cyniques, il ne peut fe perfuader
„ que la befogne en vint à fa fin,
„ ainfi qu'elle s'arrêtoit à repréfen-

(*) *Liv.* XIV, *Chap.* 20.
(†) *Liv.* II, *Chap.* 12.

M

„ ter des mouvemens lafcifs, feule-
„ ment pour maintenir l'impudence
„ de la profeffion de leur école, &
„ que pour élancer ce que la hon-
„ te avoit contraint & retiré, il
„ leur étoit encore befoin de cher-
„ cher l'ombre.''

Illum (Diogenem) vel alios qui hoc
feßiße referuntur potiùs arbitror ,
comcumbentium motus dediße oculis
hominum nefcientium quod fub pullio ge-
reretur , quam humano premente con-
fpectu poluiße illam peragi voluptatem ;
ibi enim philofophi non erubefcant vi-
deri fe velle comcumbere ubi libido ip-
fa erubefceret furgere.

Ce Latin eft , pour le moins ,
auffi licencieux que le François de
Montagne.

On a voulu qu'on ne commît cet
acte qu'en fecret , & par conféquent qu'on cachât les parties qui
fervent à cette action , penfant que
les nudités font capables de nous

fouler d'avance & de nous dégoû-
ter. Nous aimons à deviner : & les
tableaux les plus lubriques animent
moins que celui qui repréfente un
lit, dont les rideaux font exactement fermés, mais d'où l'on voit
fortir quatre pieds, deux élevés,
deux autres renverfés. Malgré cela,
on n'a pu s'empêcher de donner
à ces parties un nom par excellen-
ce & très-beau ; on les a appel-
lées parties naturelles, par lefquel-
les la Nature opéroit le plus noble
de fes ouvrages, la plus utile de
fes opérations, qui eft la confervation de l'efpece, la multiplication
du genre humain. *Montagne* dit
qu'on devroit appeller brutes, ceux
qui nomment cette action *brutale*,
à laquelle la Nature nous poufle
fi vivement.

On a rendu ces parties refpectables & honorables à tout le monde, en les rendant femblables à ces

Rois Indiens Afiatiques, qui ne confervent la vénération & l'efpece d'adoration que leurs fujets ont pour eux, qu'en fe tenant eux-mêmes comme invifibles à leurs yeux; on a voulu qu'elles fuffent toujours cachées. C'eft en effet digne de confidération, que les maîtres de ce métier pour remede aux paffions amoureufes, ordonnent la vue entiere du corps qu'on cherche; & pour refroidir l'amour il ne faut que voir librement ce qu'on aime. „ Tel, dit *Ovide*, pour avoir vu „ à découvert les parties fecretes de „ ce qu'il aimoit, s'eft trouvé tout „ d'un coup délivré de fa paffion." *Montagne* fait encore une jolie réflexion: „ Chacun court pour voir „ mourir un homme, & l'on fuit „ de le voir naître: on cherche un „ vafte champ pour livrer des ba- „ tailles qui détruifent le genre „ humain, & l'on fe mure dans

„ un creux ténébreux pour le for-
„ mer, pour le produire.”

Lorſqu'on a déifié ces parties honorables , ſous le nom du Dieu des
Jardins , on en a fait des ſimulacres
très-petits , & bien éloignés de ſes
dimenſions naturelles : c'eſt ainſi
que nous les voyons dans les cabi-
nets des Curieux Antiquaires. On
n'a pas permis que ce Dieu pa-
rût en triomphe , alors trop redoutable , ou trop charmant au ſe-
xe féminin , appréhendant que les
filles ne conçuſſent pour lui trop
d'appréhenſion , & les femmes trop
d'envie de le poſſéder ; que toutes
puſſent s'écrier :

Oncques ſi foible alumelle
Ne fut jamais nous faire ſuccomber.

Après cela, on a attaché une horreur à toutes les repréſentations ,
où ce Dieu pouvoit être vu prêt.

M 3

d'entrer dans fon temple , pour
y faire lui-même & y recevoir des
libations. On a donné le nom d'ob-
fcene , d'impudique , à tout ce qui
pouvoit donner ces idées , foit par
des repréfentations , foit par des difcours. Les poftures de *l'Aretin* ,
qu'on voit au Vatican , n'en ont
point été exemptes , malgré la fainteté du palais où elles font. Ainfi on a attaché une honte, un def-
honneur , à tous ceux qui tien-
droient des difcours , qui décriroient
ou repréfenteroient l'accompliffement
& les approches de l'acte ; on a
caché , on a voilé, avec tout le foin
poffible , non feulement l'entrée du
temple , mais même le bofquet qui
l'environne : car ces temples font
dans le corps humain , comme les
pagodes ou temples des idoles des
Banianes & des Indiens Orientaux ,
toujours encourés d'un bofquet. On
a eu une horreur extrême pour les

balayures, les ordures périodiques, qui fortent de ce temple fi chéri, fi néceffaire, & pour qui, je ne fais pourquoi, on a infpiré tant de refpect & tant d'horreur en même temps.

Voilà, Madame, à ce que je penfe, les raifons qui ont fait établir, chez prefque tous les peuples, la loi de couvrir les nudités, les parties naturelles, & d'exercer en cachette l'acte de la génération. C'eft pourtant un ouvrage très-beau en lui-même que de donner la naiffance à un être auffi excellent que l'homme; & les parties qui fervent à cet ufage, n'ont rien en elles-mêmes de plus honteux & de plus laid que les autres. *Adam* & *Eve* eurent tort de rougir de leur nudité; ils étoient feuls au monde, formés l'un pour l'autre, de la main du Créateur. Ces parties avoient moins péché que la bouche qui avoit fervi à manger le fruit défendu : c'eſt elle, bien plutôt, qu'on devoit punir, elle, dont il émane tant de maux. Mais, peut-être, eſt-il arrivé qu'après le péché d'*Adam*, ces parties ſe trouverent dans un état, ou trop triomphant, ou trop humble, ce qui donna lieu, d'une façon ou d'autre, de faire rougir *Adam* & *Eve*. C'eſt encore une queſtion de ſavoir, dans quel de ces deux états *Noë* ſe trouva, après que le vin lui eut troublé l'entendement, & pour quelle raiſon *Cham* ſe moqua de lui : fut-ce en voyant l'ardeur, ou la baſſeſſe, de ſon pere ?

Pour finir cette lettre, je vous dirai, Madame, qu'il eſt certain que nous naiſſons tous nûds ; que nos premiers parens, dans l'enfance du monde, ont dû reſter dans cet état de nudité, & par conſéquent accoutumer leurs yeux à tous ces objets qui leur étoient auſſi indiffé-

rens qu'ils le font aux enfans &
aux peuples qui font accoutumés
à les voir ; que ce n'eft que longtemps après qu'on a commencé à
fe vêtir. Ecoutons là-deffus *Mon-*
tagne.

,, Certes , quand je m'imagine
,, l'homme tout nud (oui, ce fexe
,, qui femble avoir plus de part à
,, la beauté), fes tares, fa fubjec-
,, tion naturelle, fes imperfections,
,, je trouve que nous avons eu plus
,, de raifon, que nul autre animal,
,, de nous couvrir. Nous avons été
,, excufables d'emprunter ceux que
,, la Nature avoit favorifé en cela
,, plus que nous, pour nous parer de
,, leurs beautés, & nous cacher fous
,, leur dépouille de laine, plume,
,, poil, foie. Remarquons qu'au
,, demeurant nous fommes le feul
,, animal, duquel les défauts offenfent
,, nos compagnons , & feuls qui
,, avons à nous dérober en nos au-

„ tres actions naturelles , de notre
„ espece.”

Ce sont , peut-être , ces raisons
honteuses à l'homme , qui lui ont ac-
quis la coutume & qui l'ont obligé
de prendre des habillemens , de couvrir ses parties naturelles ; & celles
même de son corps , qu'on a cru
dérober à la vue. Combien de femmes seroient fâchées de paroître
nues, & qu'elles perdroient de montrer, dans le naturel, ces parties far-
dées qu'elles savent si bien embellir,
& qui font souvent la plus grande
partie de leur mérite emprunté !

On a taxé d'impudence extrême,
les débauchés qui se dépouillent à
nud les uns devant les autres ,
en mêlant même les différens se-
xes , & exposant leur nudité aux
yeux de tous. L'on a regardé
avec horreur ces sectes religieuses,
mais abominables , qui, pour imiter
les premiers hommes , se dépouil-

loient entiérement de leurs vêtemens, & qui, dans leurs affemblées
religieufes, prioient tous nuds, &
en même temps fe joignoient indiffé-
remment les uns les autres, fans
diftinction de parenté, voulant ob-
ferver exactement le précepte de la
loi: *Croiffez & multipliez.*

Mais je m'apperçois qu'infenfible-
ment j'entre dans des matieres abftrai-
tes, qui font rarement du goût des
Dames; & que, lorfque je n'ai prétendu faire qu'une lettre badine,
pour divertir une perfonne d'efprit,
comme vous, Madame, je me rends
philofophe, politique, & j'entre-
prends fur les matieres de religion,
qu'il faut toujours refpecter & en
parler le moins que l'on peut,
crainte de s'égarer, & de trouver
des perfonnes refpectables chez tous
les peuples, des miniftres de la religion, telle qu'elle foit, qui n'en-
tendent nullement raillerie: ainfi je

me tais, en vous assurant que l'usage autorisant la nudité des Caraïbes, rien ne se trouve immodeste, impudent, deshonnête, chez eux, dans leur état de pure nature qu'ils ont conservé; & que, si vous les aviez accoutumés comme nous, vous vous contenteriez d'admirer en eux leur embonpoint, leur parfaite santé, l'uni & le poli de leur peau, sans en avoir d'autres idées qui blessassent votre pudeur & votre modestie: car je vous assure, Madame, que tout n'est que coutume, prévention, effet de l'éducation, & qu'il n'y a rien d'inné en nous.

J'ai l'honneur d'être, &c.

F I N.

www.ingramcontent.com/pod-product-compliance
Lightning Source LLC
Chambersburg PA
CBHW070841030726
47504CB00005B/1174